GRAMMAIRE

FRANÇAISE

RÉDUITE

aux définitions et aux exemples les plus simples

A L'USAGE DES ÉCOLES PRIMAIRES

PAR

A. DE GRISY

DOCTEUR ÈS LETTRES, INSPECTEUR D'ACADÉMIE

*Cet ouvrage a été rédigé dans l'esprit de la circulaire
ministérielle du 18 novembre 1871*

PARIS	NIMES
CH. DELAGRAVE ET Cie	LOUIS GIRAUD
LIBRAIRES-ÉDITEURS	LIBRAIRE-ÉDITEUR
RUE DES ÉCOLES, 58	BOULEVARD SAINT-ANTOINE

1872

GRAMMAIRE FRANÇAISE

AUX MÊMES LIBRAIRIES

Exercices sur la grammaire française réduite aux définitions et aux exemples les plus simples, par M. A. de Grisy, docteur ès-lettres, inspecteur d'académie.

Ces exercices, rédigés dans l'esprit de la *Circulaire ministérielle du 8 novembre 1871*, sont divisés *en trois séries,* qui se vendront séparément :

> Troisième division ou première année. . . . . . » fr. 40 c.
> Deuxième division ou deuxième année. . . . . . » ·60
> Première division ou troisième année. . . . . . » 60

Le calcul théorique et pratique ou exercices gradués et problèmes d'arithmétique applicables à toutes les arithmétiques, par M. Roux, instituteur, deuxième édition, revue, corrigée et augmentée. 1 volume in-12 orné de figures, cartonné, prix : 1 fr.

Ce livre est, pour ainsi parler, une collection de *Devoirs* de calcul, donnés aux élèves pendant l'année scolaire, concurremment avec les leçons et les explications du maître. Ces devoirs n'étaient pas primitivement destinés à être réunis ensemble et publiés. De longs et fructueux essais ont décidé l'auteur à les offrir aux élèves des écoles primaires et des classes d'adultes. Nul doute que le même succès ne légitime l'accueil qui paraît leur être réservé.

Solutions des problèmes, in-12 broché : 75 c.

Exercices gradués de mémoire à l'usage des écoles primaires, choix de fables et de poésies variées avec de nombreuses notes explicatives, par L. Frétille, directeur de l'école normale du Gard, auteur de plusieurs ouvrages élémentaires. Nouvelle édition. 1 vol. grand in-18, cart. : 0 fr. 60.

Paris. — Imp. Viéville et Capiomont, rue des Poitevins, 6.

GRAMMAIRE
FRANÇAISE

RÉDUITE

aux définitions et aux exemples les plus simples

A L'USAGE DES ÉCOLES PRIMAIRES

PAR

A. DE GRISY

DOCTEUR ÈS LETTRES, INSPECTEUR D'ACADÉMIE

*Cet ouvrage a été rédigé dans l'esprit de la circulaire
ministérielle du 18 novembre 1871.*

<table>
<tr><td>

PARIS

CH. DELAGRAVE ET Cie

LIBRAIRES-ÉDITEURS

RUE DES ÉCOLES, 58

</td><td>

NIMES

LOUIS GIRAUD

LIBRAIRE-ÉDITEUR

BOULEVARD SAINT-ANTOINE

</td></tr>
</table>

1872

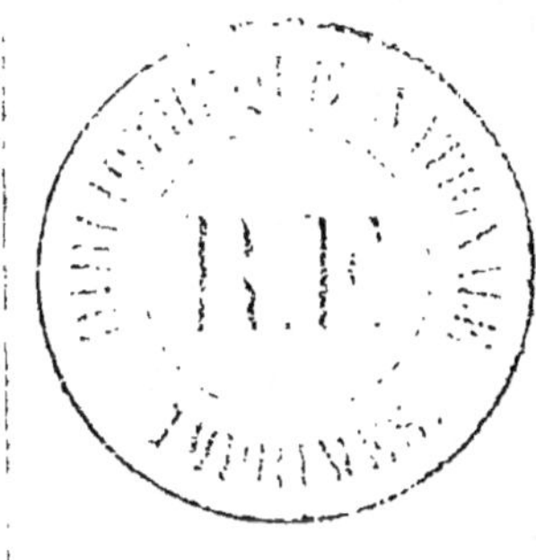

PRÉFACE

—

Une bonne grammaire française n'est pas chose
rare; mais il n'en existe point d'excellente, et la
meilleure péchera toujours par quelque endroit.

Celle que voici n'est pas nouvelle; c'est surtout en
grammaire qu'il importe de se garder des nou-
veautés. Seulement, comme ici l'utilité prime de beaucoup le talent d'écrire, on a voulu être clair, et
réduire à la plus rigoureuse simplicité les exemples
et les définitions; c'est par là, si cet ouvrage est lu,
qu'il vaudra de l'être; car c'est peut-être au défaut
de clarté que d'autres grammaires, d'ailleurs fort
estimables, doivent de n'être pas assez goûtées de
notre jeune public.

Et d'abord, on a retranché de toute définition les
termes abstraits ou presque métaphysiques, ceux
qu'un maître ne peut guère définir sans tomber
dans le vague; ceux, en un mot, que les élèves de
nos écoles primaires entendent difficilement ou qu'ils
n'entendent point du tout. Quelques règles sem-
blaient trop étendues, un peu confuses; on s'est
efforcé de les abréger et de les éclaircir; sous cette

forme réduite, peut-être saisiront-elles mieux l'esprit, outre qu'elles s'attacheront plus fortement à la mémoire. Puis, comme il fallait suivre une certaine méthode dans la définition des parties du discours, soit variables, soit invariables, on a cherché, sans en altérer aucune dans le fond, à leur donner à toutes comme un air d'analogie et de ressemblance. On a dû aussi, sans les multiplier, introduire les remarques nécessaires au développement de chaque règle; car la plupart des remarques étant des exceptions à l'exception elle-même, il importe qu'elles soient connues, et, comme les exceptions, éclairées par des exemples.

On a fait parmi les exemples un choix aussi simple qu'il est possible, et, pour les rendre utiles, on les a empruntés le plus souvent aux grands écrivains de la France. On ne saurait initier trop tôt l'enfance à ce qui est beau et bon; d'ailleurs, à cet âge où l'on retient si aisément ce que l'on apprend, l'essentiel est de ne connaître d'abord que des choses excellentes. Enfin, combien d'enfants, devenus des hommes, ne vivront plus tard que sur ce fonds grammatical, élémentaire, mais si riche pourtant s'il est bien cultivé.

La Syntaxe, qui montre l'enchaînement des règles, fait peur aux enfants : pour la leur rendre, sinon plus agréable, au moins très-accessible, on l'a, sous chaque division de l'ouvrage, mêlée aux premiers principes, et c'est ainsi que l'on a cru pouvoir confondre ce qui paraît inséparable. Toutefois, dans l'intérêt des maîtres et de leurs élèves, on a divisé les matières du cours en trois ordres de questions que l'on trouvera à la fin de cette grammaire. Très-simples pour la *troisième division (ou première année)*, ces questions, graduées en vue de l'âge et du temps d'études, deviennent plus difficiles pour la *deuxième division (ou deuxième année)*, plus difficiles encore pour la *première;* de telle sorte qu'il en reste encore assez pour achever sur ce point l'instruction des élèves qui, dans les grandes écoles, composent d'ordinaire ce que l'on appelle la division supérieure.

Cet ouvrage est rédigé pour la première fois par demandes et par réponses. A chacune des réponses correspond un numéro que les enfants consulteront.

Bien que cette grammaire soit écrite à l'usage des écoles primaires, elle doit convenir aussi aux élèves qui, après s'être distingués dans les *trois divisions ou années*, voudraient pousser plus loin leurs études ou se préparer aux examens de l'école normale primaire. Aussi a-t-on fait suivre la première partie, qui comprend les éléments et la syntaxe, d'une deuxième partie qui renferme, avec des *remarques* sur chacune des parties du discours, certaines notions moins élémentaires, telles que l'étude développée de la *proposition, de la période, des figures de grammaire, des gallicismes,* etc. C'est pour les élèves de la première division ou troisième année surtout que cette partie est faite et aussi pour les jeunes maîtres, qui n'y trouveront rien sans doute qui ne soit indispensable.

Un QUESTIONNAIRE *gradué pour les trois divisions*

ou années se trouve à la fin de cet ouvrage. Chaque question portant un numéro CORRESPONDANT à celui de la grammaire, le maître et les élèves auront ainsi un moyen facile, l'un d'indiquer, les autres, de bien connaître la leçon à apprendre ou le devoir qu'ils devront faire. Le maître pourra même, d'une classe à l'autre, et sur le tableau, marquer POUR CHAQUE DIVISION les numéros du questionnaire qui feront l'objet de la prochaine leçon.

TABLE ANALYTIQUE DES MATIÈRES

PRÉFACE

Notions préliminaires 1
Accents................... 2
Signes de ponctuation....... 2
Mots variables et mots inva-
riables.................. 4
Distinction des genres et des
nombres............... 4
De la Syntaxe............. 5

PREMIÈRE PARTIE

MOTS VARIABLES

Chapitre I. — De l'article. 6
Chapitre II. — Du nom ou
substantif............. 7
Exceptions à la règle générale
de la formation du pluriel.. 8
Remarques sur le genre de cer-
tains noms.............. 9
Orthographe des noms em-
pruntés aux langues étran-
gères.................. 12
Orthographe des noms propres. 13
Orthographe des noms com-
posés.................. 14
Observation............... 15
Chapitre III. — De l'adjectif. 15
Des adjectifs qualificatifs..... 16
Formation du féminin et du plu-
riel dans les adjectifs..... 16
Accord de l'adjectif avec le
nom.................. 18
Exceptions à la règle d'accord
de l'adjectif........... 19
Orthographe de certains adjec-
tifs qualificatifs, numéraux
et indéfinis............. 19

Adjectifs déterminatifs....... 21
Chapitre IV. — Pronom. Syn-
taxe des pronoms....... 27
Différentes espèces de pronoms.
Distinction des pronoms. Des
pronoms personnels...... 27
Des pronoms démonstratifs... 31
Des pronoms possessifs...... 33
Des pronoms relatifs ou con-
jonctifs................ 33
Des pronoms interrogatifs.... 34
Des pronoms indéfinis....... 35
Chapitre V. — Du verbe... 36
Propositions. — Sujet. — Verbe.
— Attribut............ 37
Sujet du verbe............. 38
Compléments du verbe...... 38
Personnes du verbe......... 39
Des nombres du verbe...... 40
Des modes du verbe........ 40
Des temps du verbe........ 42
Radical et terminaisons 44
Verbe auxiliaire *avoir*....... 45
Verbe auxiliaire *être*........ 46
1re conjugaison en *er* (*aimer*). 48
2e conjugaison en *ir* (*finir*)... 50
3e conjugaison en *oir* (*recevoir*.) 51
4e conjugaison en *re* (*rendre*). 53
Remarques sur la 1re conju-
gaison................. 54
Remarques sur la 2e........ 56
Remarques sur la 3e........ 56
Remarques sur la 4e........ 56
Formation des temps........ 57
Verbes réguliers et irréguliers. 58
Différentes sortes de verbes... 63
Conjugaison du verbe *partir*.. 66
Conjugaison sous forme inter-
rogative 67

Verbe pronominal *se repentir*.   69
Conjugaison du verbe *il tonne*.   71
Des sujets du verbe............   71
Règle d'accord du verbe....   71
Exceptions à la règle générale.   72
Construction des sujets......   72
Construction des divers compléments du verbe........   76
Emploi des auxiliaires.......   77
CHAPITRE VI. — Du participe.   78
Participe passé. — Principales observations sur l'accord de ce participe.............   81
CHAPITRE VII. — De l'adverbe.   90
Principales remarques sur l'emploi de l'adverbe........   93
CHAPITRE VIII. — De la préposition................   96
CHAPITRE IX. — De la conjonction..................   99
CHAPITRE X. — De l'interjection....................   102
CHAPITRE XI. — Analyse grammaticale et logique.....   103
Modèle d'analyse grammaticale.   105
Modèle d'analyse logique.....   108
CHAPITRE XII. — De la ponctuation................   108

DEUXIÈME PARTIE

CHAPITRE I. — Du discours..   112
CHAPITRE II. — Remarques sur l'article............   113
Emploi de l'article *du*, *de la*, etc................   115

Emploi de l'article dans les phrases négatives........   115
Répétition de l'article.......   116
CHAPITRE III. — Remarques sur le nom ou substantif.   116
CHAPITRE IV. — Remarques sur l'adjectif...........   119
CHAPITRE V. — Remarques sur le pronom........   122
CHAPITRE VI. — Remarques sur le verbe...........   125
Compléments circonstanciels..   130
Concordance des temps.....   131
CHAPITRE VII. — Remarques sur les participes.......   135
CHAPITRE VIII. — Remarques sur l'adverbe..........   138
CHAPITRE IX. — Remarques sur la préposition.......   139
CHAPITRE X. — Remarques sur la conjonction........   140
CHAPITRE XI. — Remarques sur l'interjection.......   141
CHAPITRE XII. — De la construction.............   142
De l'inversion.............   142
De la période.............   143
Du sens propre et du sens figuré des mots.............   144
Du vers et de la prose.......   145
CHAPITRE XIII. — Des figures de grammaire..........   146
CHAPITRE XIV. — Des gallicismes...............   148

FIN.

GRAMMAIRE FRANÇAISE

NOTIONS PRÉLIMINAIRES

Qu'est-ce que la grammaire?

1. La *grammaire* est l'ensemble des règles au moyen desquelles on apprend à écrire et à parler correctement.

De quoi se compose le langage écrit ou parlé?

2. Écrit ou parlé le *langage* se compose de *mots* qui eux-mêmes sont composés de *lettres*. Ces dernières forment l'*alphabet*.

Citez des mots simples, des mots dérivés, des mots composés?

3. Il y a des mots *simples*. Ex. : *cri*. Des mots *dérivés*. Ex. : *raison, raison ner*, et des mots *composés*, Ex : *sur taxe, sur nom*.

Combien y a-t-il de lettres en français?

4. La langue française a vingt-cinq *lettres* dont six sont des *voyelles*, et dix-neuf des *consonnes*.

Qu'est-ce qu'une voyelle et quelles sont les voyelles?

5. Les *voyelles* sont : *a, e, i, o, u, y*. On les appelle voyelles parce qu'elles forment par elles-mêmes un son, une *voix*.

Qu'est-ce qu'une consonne et quelles sont les consonnes?

6. Les *consonnes* sont : *b, c, d, f, g, h, j, k, l, m, n, p, q, r, s, t, v, x, z*. On les appelle ainsi parce que, n'ayant pas de son par elles-mêmes, elles ne peu-

en former un sans le secours des voyelles.

REMARQUE. — La consonne *h* est aspirée quand elle empêche l'élision des voyelles. Ex. : *le hasard.* Dans les autres cas, elle n'a aucun son et ne s'aspire pas, comme dans l'*harmonie*, l'*histoire*.

Qu'est-ce qu'une syllabe?

7. Une *syllabe* est une voyelle qui, seule ou jointe à d'autres lettres (consonnes ou voyelles), se prononce par une seule émission de voix. Les mots d'une seule syllable sont dits *monosyllabes.*

Qu'est-ce qu'une diphthongue?

8. On appelle *diphthongue* la réunion de deux voyelles qui se prononcent par une seule émission de voix et produisent un son double, quoique dans une même syllable, Ex. : *oi* dans le mot *foi; eu* dans le mot *feu; ié* dans *pied, moitié; oe* dans *moelle*, etc.

Que signifie le mot accent?

9. Ce mot exprime l'élévation ou l'abaissement de la voix sur les différentes syllabes d'un mot.

ACCENTS.

Combien y a-t-il d'accents?

10. Il y en a trois : l'*aigu* (´). On le met sur un *é* pour marquer que c'est un *é* fermé, comme dans *santé, bonté.*

Le *grave* (`). On le met sur un *è* pour marquer que c'est un *è* ouvert, comme dans *procès, succès.*

Le *circonflexe* (^). On le met sur les voyelles longues pour annoncer la suppression d'une autre voyelle, comme dans *rôle* (*roole*), ou d'une consonne, comme dans *tête* (*teste*).

SIGNES DE PONCTUATION.

Quel est le rôle du point?

11. Le *point* (.) annonce un sens fini.

Quel est le rôle des deux points?

12. Les *deux points* (:) précèdent une énumération ou une citation.

Quel est le rôle de la virgule?

13. La *virgule* (,) sépare les divers membres de phrase ou même de simples mots.

Quel est le rôle du point et virgule?

14. Le *point et virgule* (;) sépare les propositions qui ont une certaine étendue.

Quel est le rôle du point d'interrogation?

15. Le *point d'interrogation* (?) se met à la fin d'une phrase qui exprime l'idée d'interrogation.

Quel est le rôle du point d'exclamation?

16. Le *point d'exclamation* (!) se met à la fin d'une phrase qui exprime un sentiment d'admiration, de douleur ou d'étonnement, etc.

Quel est le rôle du trait d'union?

17. Le *trait d'union* (-) s'écrit quand un mot n'est pas fini ; on s'en sert pour joindre certains mots qui, proprement, sont censés n'en faire qu'un, comme *tout-puissant;* il remplace la conjonction *et* dans les adjectifs numéraux, *quatre-vingt, quatre-vingt-dix.*

Quel est le rôle du tréma?

18. Le *tréma* (¨) est un double point qui se met sur une des voyelles *e, i, u,* pour la mieux détacher de la voyelle qui précède ou qui suit : *naïf, ciguë, poëte.*

Qu'est-ce que la cédille?

19. La *cédille* (ç) est un signe qu'on met sous la lettre *ç* devant les voyelles *a, o, u,* pour indiquer qu'elle doit être prononcée comme une *s* : *façon.*

Qu'est-ce que la parenthèse?

20. La *parenthèse* ( ) s'ouvre et se ferme après certains mots formant un sens distinct et séparé du reste de la phrase : *l'animal (c'est l'homme que je veux dire).*

Quel est l'emploi de la lettre majuscule?

21. La *lettre majuscule* se met au commencement des phrases et aussi au commencement soit des vers, soit des citations.

Qu'est-ce que l'apostrophe?

22. L'*apostrophe* (') est une petite marque en forme de virgule dont on se sert pour indiquer l'élision d'une voyelle, comme dans ces expressions : *l'Église, l'État, l'amitié.*

MOTS VARIABLES ET MOTS INVARIABLES.

De combien d'espèces de mots se compose la langue française?

23. La langue française se compose de dix espèces de mots, qu'on nomme aussi les dix parties du discours. Ce sont : *l'article*, le *nom* ou *substantif*, *l'adjectif*, le *pronom*, le *verbe*, le *participe*, *l'adverbe*, la *préposition*, la *conjonction* et *l'interjection.*

Remarque. Ces dix espèces de mots se divisent en mots *variables* et en mots *invariables.*

Les mots *variables* sont ceux dont la terminaison peut se modifier et varier. Ce sont : *l'article*, le *nom* ou *substantif*, *l'adjectif*, le *pronom*, le *verbe* et le *participe.*

Les mots *invariables* sont ceux dont la terminaison ne varie point. Ce sont *l'adverbe*, la *préposition*, la *conjonction* et *l'interjection.*

DISTINCTION DES GENRES ET DES NOMBRES.

Qu'est-ce que le genre?

24. Le *genre* est la propriété qu'ont les noms ou substantifs de désigner l'un ou l'autre sexe.

Combien y a-t-il de genres en français?

25. Il y a en français deux *genres* : le genre *masculin* et le genre *féminin.*

A quel genre appartiennent les êtres animés?

26. Les *êtres animés* appartiennent nécessairement à l'un ou à l'autre genre.

A quel signe reconnaît-on les noms du genre masculin?

27. Sont du genre *masculin* les noms devant lesquels on pourra placer *le, un, ce, cet : le lion, un enfant, ce tigre, cet homme.*

A quel signe reconnaît-on les noms du genre féminin?

28. Sont du genre *féminin* les noms devant lesquels on pourra placer *la, une, cette : la lionne, une servante, cette femme.*

REMARQUE. Les êtres *inanimés* ne devraient appartenir à aucun genre, mais l'usage les a rangés arbitrairement dans la classe des noms masculins ou dans celle des noms féminins : *le château, cette prairie.*

Qu'est-ce que le nombre?

29. Le *nombre* est la propriété qu'ont les noms ou substantifs de désigner l'*unité* ou la *pluralité.*

Comment s'exprime l'unité en grammaire?

30. L'unité (*un, une*) s'exprime en grammaire par le *singulier : homme* (un), *maison* (une).

Comment s'exprime la pluralité en grammaire?

31. La pluralité (*plusieurs*) s'exprime en grammaire par le *pluriel : hommes* (les), *maisons* (les).

REMARQUE. L'idée de nombre dans les noms repose sur cette distinction que l'on fait entre une chose seule et plusieurs choses de même espèce réunies.

DE LA SYNTAXE.

Qu'est-ce que la syntaxe?

32. La *syntaxe* examine comment les dix espèces de mots se lient et se combinent ensemble pour exprimer toutes nos pensées.

PREMIÈRE PARTIE

MOTS VARIABLES

CHAPITRE I

DE L'ARTICLE.

Qu'est-ce que l'article?

33. L'*article* est un mot *variable* susceptible de *genre* et de *nombre*, et qui marque que le nom est pris dans un sens déterminé.

Combien y a-t-il de sortes d'articles?

34. Il y a deux sortes d'*articles* : l'article *simple* et l'article *contracté* ou *composé*.

Qu'est-ce que l'article simple?

35. L'article *simple* est un mot qu'on met devant le nom commun et devant certains noms propres : *le*, si le nom est masculin; *la*, si le nom est féminin; *les*, si le nom est pluriel, soit masculin, soit féminin : *le lion, la lionne, les lions.*

Qu'est-ce que l'article contracté ou composé ?

36. Quand l'article masculin singulier est précédé de *à* ou *de*, si le nom commence par une consonne ou une *h* aspirée, on change *de le* en *du*, et *à le* en *au*: *du mois* pour *de le mois; du héros* pour *de le héros; au mois* pour *à le mois; au héros* pour *à le héros.* De là *l'article contracté* ou *composé, du* mis pour *de le, au* mis pour *à le, des* mis pour *de les.*

Qu'arrive-t-il si le nom commence par une voyelle ou une h *non aspirée?*

37. Si le nom commence par une voyelle ou une *h* non aspirée, *à, de,* n'éprouvent aucun changement, mais les voyelles *a, e,* sont remplacées par l'apostrophe ; c'est ce qu'on appelle l'*élision : à l'homme* pour *à le homme, de l'amitié* pour *de la amitié.* (Voir 2ᵉ partie et nos exercices.)

REMARQUE. Ce nom d'*article* lui vient de ce qu'il joue le rôle de simple *articulation* ou jointure, et qu'il ne peut être significatif que s'il est accompagné d'un autre mot qu'il détermine.

CHAPITRE II

DU NOM OU SUBSTANTIF.

Qu'est-ce que le nom ou substantif?

38. Le *nom* ou *substantif* est un mot *variable* susceptible de *genre* et de *nombre;* il sert à nommer les personnes, les animaux et les choses : *homme, cheval, maison.*

Combien y a-t-il de sortes de substantifs?

39. Il y en a deux sortes : le substantif ou nom *commun,* et le substantif ou nom *propre.*

Qu'est-ce que le nom propre?

40. Le nom *propre* est celui qui ne convient qu'à une seule personne ou à une seule chose :

Dieu, César, Paul, Rome, Versailles.

Qu'est-ce que le nom commun?

41. Le nom *commun* est celui qui convient à tous

les individus ou à tous les objets de la même espèce :

Enfant, maison.

Remarque. Le nom ne cesse pas d'être *propre* quoiqu'il s'applique à une réunion d'individus de même espèce. Ainsi, plusieurs personnes peuvent s'appeler *Pierre*, mais on ne saurait pour cela les confondre : le nom *Pierre* est donc un nom propre.

Comment se forme, en général, le pluriel dans les noms ?

42. Règle générale. Le pluriel se forme, *en général*, dans les noms en ajoutant une *s* au singulier : *maison* fera *maisons*.

EXCEPTIONS A LA RÈGLE GÉNÉRALE DE LA FORMATION DU PLURIEL.

N'y a-t-il point des exceptions à cette règle générale ?

43. Il y a plusieurs *exceptions* à cette règle générale.

Quelle est la première exception ?

44. 1ʳᵉ EXCEPTION. Elle comprend les noms terminés au singulier par *au, eau, eu* qui prennent un *x* au pluriel : Un *tuyau*, des *tuyaux*, un *agneau*, des *agneaux*, un *feu*, des *feux*.

Quelle est la deuxième exception ?

45. 2ᵉ EXCEPTION. Elle comprend les noms terminés en *ou* qui prennent tantôt une *s* : un *clou*, des *clous*, un *verrou*, des *verrous*; tantôt un *x* : un *chou*, des *choux*. Ajoutez *bijou, caillou, genou, hibou, joujou, pou* [1].

Quelle est la troisième exception ?

46. 3ᵉ EXCEPTION. Elle comprend les noms terminés en *al* qui prennent un *x* au pluriel : *métal, métaux, cheval, chevaux*. Excepté *bal, aval, pal, carnaval, nopal, régal, chacal*, qui rentrent dans la règle générale.

---

[1] Dans l'ancienne orthographe française on mettait indifféremment l'*x* ou l'*s*, et l'irrégularité actuelle est un reste de cette incertitude.

Quelle est la quatrième exception?

47. 4ᵉ EXCEPTION. Elle comprend les noms terminés en *ail* comme *bail, corail, émail, soupirail, travail,* etc., qui font au pluriel *aulx, baux, coraux, émaux, soupiraux, travaux. Travail* fait *travails* dans le sens de machine à ferrer les chevaux. *Ails* peut s'écrire *aulx; bétail* fait au pluriel *bestiaux.*

N'y a-t-il point des noms qui ont deux pluriels?

48. Enfin il y a des noms qui ont deux pluriels : *aïeul* est masculin quand il désigne précisément le grand-père paternel et le grand-père maternel : *ses deux aïeuls sont morts.* On dit *aïeux* dans le sens d'ancêtres : *c'était la mode chez nos aïeux.* Quand il s'agit de ceux dont on descend : *ce droit lui vient de ses aïeux.*

Ciel fait *cieux : un ciel pur, le royaume des cieux.* On dit au pluriel : *ciels de lit, ciels de carrière, ciels de peinture.*

Œil fait *yeux* au pluriel quand il désigne l'organe de la vue. On dit aussi *les yeux du pain, du bouillon,* etc.

Il fait *œils* au pluriel en joaillerie : *des œils-de-chat; œils d'or* (poisson); *œils-de-bœuf* (architecture).

Y a-t-il des noms qui n'ont pas de pluriel?

49. Il y a certains noms qui n'ont pas de pluriel. Ainsi, l'on dit au singulier : *la charité, la sincérité, la probité,* etc.

Comment s'écrivent au pluriel les noms terminés par ant *et* ent?

50. On écrit les noms terminés par *ant* et *ent* toujours avec un *t,* excepté le mot *gens : enfant, enfants, parent, parents*

REMARQUES SUR LE GENRE DE CERTAINS NOMS.

Quels sont les noms qui sont tantôt masculins et tantôt féminins?

1.

51. Il est certains noms qui, pris dans tel ou tel sens, sont tantôt masculins, tantôt féminins.

Quel est le genre du mot aigle?

52. *Aigle*, signifiant oiseau de proie, est masculin : *l'aigle* **royal**. Il l'est aussi quand il désigne un homme supérieur : *c'est* **un** *aigle. Grand aigle*, papier du plus grand format. *Il est* **grand aigle** *de la Légion d'honneur*. Enfin quand il désigne le pupitre au milieu du chœur d'une église, il est masculin.

Il est féminin en termes d'armoiries; il l'est aussi quand il signifie une enseigne militaire : *l'aigle* **romaine.**

Quel est le genre du mot amour?

53. *Amour* suit la règle ordinaire, à moins qu'il ne désigne l'attachement d'un sexe pour l'autre. On dit : *c'est* **un** *amour, ce sont* **tous** *mes amours.*

On dit : **un** *fol amour, de* **folles** *amours.*

Quel est le genre du mot automne?

54. *Automne*, quoique des deux genres, s'écrit habituellement au masculin : *nous avons eu* **un bel** *automne.*

Quel est le genre du mot couple?

55. *Couple* est masculin ou féminin. Il est masculin quand il désigne deux êtres unis par l'affection ou le même sentiment. Ex. : **un** *couple bien assorti,* **un** *couple d'amis.*

Il est féminin quand il signifie deux choses d'une même espèce formant un nombre : **une** *couple d'œufs.*

Quel est le genre des mots délice, orgue?

56. *Délice* et *orgue* sont du masculin au singulier, du féminin au pluriel : **le grand** *orgue,* **les grandes** *orgues; c'est* **un** *délice, ce sont* **toutes** *mes délices.*

Quel est le genre du mot enfant?

57. *Enfant* est masculin ou féminin selon qu'il désigne un garçon ou une fille. On dit : **le bel** *enfant,* **la belle** *enfant que voilà!*

Quel est le genre du mot foudre?

58. *Foudre,* s'il désigne le feu du ciel, est féminin : **la** *foudre éclate et tombe.* On dit au masculin pluriel : *les* **foudres** *du Vatican;* au masculin singulier : *un foudre de guerre.*

Quel est le genre du mot gens?

59. L'adjectif qui précède le mot *gens* s'écrit au féminin : *Ah! les vilaines gens! Ah! les bonnes gens!* Le mot *tous* reste au masculin pluriel quand il précède immédiatement et seul le substantif : *tous les gens qui,* ou quand l'adjectif qui précède n'a qu'une seule et même terminaison pour les deux genres : *tous les honnêtes gens. Il est syndic de tous les gens de mer.*

Quel est le genre du mot hymne?

60. *Hymne* qu'on chante à l'église est féminin : **une belle** *hymne.* Il est masculin dans tous les autres cas : **un** *hymne patriotique.*

Quel est le genre dn mot œuvre?

61. *Œuvre* est féminin au pluriel : *les œuvres de Dieu.* Dans le style élevé, on le fait quelquefois masculin au singulier : **un** *œuvre de génie,* **l'œuvre** *de Mozart.*

Quel est le genre du mot orge?

62. *Orge* est masculin seulement dans ces deux expressions : *orge mondé* (nettoyé), *orge perlé* (arrondi). Dans tous les autres cas il est féminin.

Quel est le genre du mot pâque?

63. *Pâque* est féminin quand il signifie la fête des juifs : *manger* **la** *pâque*, et dans ces expressions *pâques* **closes,** *faire ses pâques.*

Pâques, fête des chrétiens, est masculin : *terme de Pâques, Pâques est* **tardif** *cette année.*

Quel est le genre du mot période?

64. *Période* est ou féminin quand il signifie le circuit d'un certain nombre d'années déterminé : **la période** *Julienne;* ou masculin quand il signifie le plus haut point où une chose, une personne puisse arriver : *il est arrivé au* **plus haut période** *de la grandeur.* Il signifie encore un espace de temps indéterminé et est masculin :

> Les temps destinés à l'attente du Rédempteur sont dans leur
> **dernier période.** (Bossuet.)

Quel est le genre du mot vêpres?

65. *Vêpres* est féminin pluriel : *vêpres* **siciliennes,** *aller aux* **vêpres.**

ORTHOGRAPHE DES NOMS EMPRUNTÉS AUX LANGUES ÉTRANGÈRES.

Quelle est l'orthographe des noms empruntés aux langues étrangères?

66. Certains noms empruntés aux langues étrangères ont un pluriel en français consacré par l'usage. Ex. :

> Albums, bravos, duos, folios, imbroglios, opéras, pensums, quolibets, récépissés, etc.

Sont invariables les noms formés de plusieurs mots. Ex. :

Des in-octavo, des fac-simile, des post-scriptum, des Te Deum, des Alleluia, des Requiem, des Stabat, etc.

REMARQUE. On écrira sans *s* au pluriel : *des carbonari, des ciceroni, des dilettanti, des lazzaroni,* etc., dont le singulier en italien est : *un carbonaro, un cicerone, un dilettante,* etc.

Quelle est l'orthographe de certains mots employés substantivement?

67. Sont invariables certains mots employés substantivement comme *pourquoi, car, mais,* etc.

Tes *pourquoi,* dit le dieu, ne finiront jamais. (La Fontaine.)

ORTHOGRAPHE DES NOMS PROPRES.

Quelle est la règle de l'orthographe dans les noms propres?

68. La *règle,* c'est que les noms propres ne prennent pas la marque du pluriel : *j'ai les tragédies des deux Corneille.* On dit aussi : *les Corneille, les Racine, les Boileau.*

Quelle est la première exception ?

69. 1ʳᵉ EXCEPTION. Les noms propres prennent la marque du pluriel quand ils désignent les individus semblables à ceux dont on cite les noms. Ex. :

Un Auguste aisément peut faire des *Virgiles.* (Boileau.)

Quelle est la deuxième exception ?

70. 2º Quand ils désignent un titre commun à une famille, à une race ou à des œuvres célèbres :

La Seine a des **Bourbons,** le Tibre a des **Césars.**
Les **Elzévirs** (éditions) font les délices des connaisseurs.
On a vendu aujourd'hui trois **Raphaëls.**

De même, en géographie, on écrit au pluriel certains noms de pays : *les deux Amériques, les Gaules, les Espagnes, toutes les Russies.*

ORTHOGRAPHE DES NOMS COMPOSÉS.

Quelle est la règle d'orthographe dans les noms composés?

71. PREMIÈRE RÈGLE. Si le nom est composé de deux noms, ou d'un nom et d'un adjectif, les deux parties prennent la marque du pluriel : *une reine-marguerite, des reines-marguerites.*

REMARQUE. Si les deux noms sont unis par une préposition, le premier seul prend la marque du pluriel : un **arc-en-***ciel*, des **arcs-en-***ciel* (ne prononcez pas l's), un **pot-de-***vin*, des **pots-de-***vin*.

DEUXIÈME RÈGLE. Si le nom est composé d'un nom, et d'un verbe ou d'un adverbe, ou d'une préposition, le nom seul prend la marque du pluriel : *un passe-***port**, *des passe-***ports**, *un couvre-***pied**, *des couvre-***pieds**, *un serre-***tête**, *des serre-***tête** (parce qu'on ne serre qu'une tête).

TROISIÈME RÈGLE. Si dans le nom composé il n'entre ni nom ni adjectif, il demeure invariable : *un passe-partout, des passe-partout.*

REMARQUE. I. Le mot *garde*, dans les noms composés, est ou verbe ou substantif. S'il désigne un *gardien*, il est substantif et variable. Un *garde champêtre*, des **gardes** *champêtres*. S'il désigne une chose, il est verbe et ne varie pas. Un *garde-manger*, des **garde-***manger*.

II. Certains mots composés varient au pluriel un : *Hôtel-Dieu*, des *Hôtels-Dieu*, c'est-à-dire des hôtels de Dieu.

III. Certains mots ne s'emploient jamais seuls. Comme ils entrent dans un nom composé en qualité d'adjectif, il y a accord : un *loup-garou*, des *loups-garous*; une *pie-grièche*, des *pies-grièches*.

IV. On écrit au pluriel des *grand'mères*, des *grand'messes*.

V. Il y a beaucoup de mots composés qui s'écrivaient autrefois en deux parties unies par un trait d'union et qui, aujourd'hui, s'écrivent comme des mots simples et prennent le signe du pluriel : un *becfigue*, des *becfigues;* une *contredanse*, des *contredanses;* un *portecrayon*, des *portecrayons*, etc.

VI. On écrit un *chevau-léger*, des *chevau-légers*.

OBSERVATION.

Il faut rattacher au nom substantif un certain nombre d'adjectifs pris substantivement et consacrés par l'usage. Ex. : *Le bien, le mal, le juste, l'injuste, l'honnête, l'utile*, et qui, comme tels, peuvent servir de sujet à une proposition.

Le français ramène souvent à l'unité ce que d'autres langues expriment au pluriel. Au lieu de dire *les choses vraies*, on dira *le vrai*.

> Le *vrai* peut quelquefois n'être pas vraisemblable. (Boileau.)

Quelquefois, dans une phrase, le substantif est sous-entendu, et alors l'adjectif est pris substantivement : *le sage* pour *l'homme sage.*

> La mort ne surprend point le *sage*. (La Fontaine.)

Un substantif peut servir d'attribut aussi bien qu'un adjectif.

> La vie est un *voyage*. La vieillesse même est une *maladie.*

(Voir la 2ᵉ partie, remarques sur le *nom* ou *substantif.*)

CHAPITRE III

DE L'ADJECTIF.

Qu'est-ce que l'adjectif?

72. *L'adjectif* est un mot *variable*, susceptible de *genre* et de *nombre*, qui ajoute au substantif l'idée d'une *qualité* ou d'une *manière d'être.* Si je dis : *homme*

puissant, arbre vert, les mots *puissant* et *vert* sont des adjectifs qui ajoutent aux noms *homme* et *arbre* l'idée d'une qualité.

Si je dis : *ma plume*, le mot *ma* ajoute au nom *plume* l'idée d'une *manière d'être*, et *le détermine* dans le sens de la possession. C'est comme si je disais : *cette plume est à moi.*

En combien de classes se divisent les adjectifs

73. Les adjectifs se divisent en deux classes : les adjectifs *qualificatifs* et les adjectifs *déterminatifs*, qui eux-mêmes se subdivisent en plusieurs espèces.

DES ADJECTIFS QUALIFICATIFS.

Qu'est-ce que l'adjectif qualificatif?

74. *L'adjectif qualificatif* est celui qui ajoute au substantif l'idée d'une qualité. Tels sont : *sage, doux, simple, héroïque.* Ex. :

Ce prince *victorieux* triomphait dans Babylone dont il fit la plus *grande* ville, la plus *forte* et la plus *belle* que le soleil eût jamais vue. (Bossuet.)

Victorieux, grande, forte, belle, sont des adjectifs qualificatifs.

Sont encore *qualificatifs* certains adjectifs formés de verbes et que l'on appelle pour cette raison *adjectifs verbaux.* Ex. :

Des animaux ailés, *bourdonnants*, un peu longs. (La Fontaine.)

FORMATION DU FÉMININ ET DU PLURIEL DANS LES ADJECTIFS.

Quelle est la règle générale de la formation du féminin dans les adjectifs?

75. RÉGLE GÉNÉRALE. On obtient le féminin dans les

adjectifs en ajoutant un *e* muet au masculin : *grand* fait *grande; fort, forte; saint, sainte*, etc.

Quelle est la première exception ?

76. 1re EXCEPTION. Les adjectifs qui ont un *e* muet au masculin comme *détestable, terrible*, restent les mêmes au féminin : **une** *enfant* **terrible.**

Quelle est la deuxième exception ?

77. 2e EXCEPTION. Les six adjectifs *cruel, pareil, ancien, bon, net, muet*, doublent au féminin la dernière consonne à laquelle on ajoute un *e* muet : *cruel, cruelle*, etc.

Au lieu de doubler la consonne, on ajoute un accent grave sur l'*e* qui précède le *t* dans les adjectifs suivants : *complet*, fait *complète, discret, discrète, concret, concrète, inquiet, inquiète, replet, replète, secret, secrète.*

Les adjectifs *sot, vieillot, gros, gras, las, épais, exprès, profès, gentil, nul, paysan*, doublent au féminin la consonne finale en y ajoutant un *e* muet : *sotte, vieillotte, grosse, grasse, lasse, épaisse, expresse, professe, gentille, nulle, paysanne.*

Quelle est la troisième exception ?

78. 3e EXCEPTION. Les adjectifs *beau, fou, jumeau, mou, nouveau, vieu (vieil)* font *belle, folle, jumelle, molle, nouvelle, vieille.* Devant une *voyelle* ou une *h* muette, écrivez : *nouvel homme, bel adolescent, fol oiseau, bel habit, mol appui.*

Quelle est la quatrième exception ?

79. 4e EXCEPTION. Les adjectifs terminés par une *f* forment leur féminin en changeant *f* en *ve : rétif, rétive, vif, vive*, etc.

Quelle est la cinquième exception ?

80. 5e EXCEPTION. Les adjectifs terminés en *x* changent au féminin *x* en *se : fâcheux, fâcheuse, jaloux, jalouse*, excepté *roux, faux, doux* qui font *rousse, fausse, douce.*

Aigu fait *aiguë, ambigu, ambiguë, contigu contiguë.*

Quelle est la sixième exception?

81. 6e EXCEPTION. *Trompeur* fait *trompeuse, menteur, menteuse, querelleur, querelleuse.*

Accusateur fait *accusatrice, protecteur, protectrice, conducteur, conductrice, spéculateur, spéculatrice, délateur, délatrice.*

Enchanteur, enchanteresse, pécheur, pécheresse, vengeur, vengeresse, gouverneur, gouvernante, serviteur, servante.

Les adjectifs *meilleur, majeur, mineur,* et les adjectifs terminés au masculin en *érieur* suivent la règle générale : *meilleure, antérieure.*

Blanc, caduc, favori, frais, franc, grec, public, sec, long, malin, tiers, bénin, turc font, au féminin, *blanche, caduque, favorite, fraîche, franche, grecque, publique, sèche, longue, maligne, tierce, bénigne, turque.*

Comment se forme le pluriel des adjectifs ?

82. Le *pluriel* des adjectifs se forme en règle générale comme dans les noms, c'est-à-dire en ajoutant une *s* au singulier.

83. 1re REMARQUE. Les adjectifs terminés par *s* ou *x* ne diffèrent en rien au pluriel masculin : *un frais jardin, de* frais *jardins ; un homme jaloux, des hommes* **jaloux.**

84. 2e REMARQUE. Les adjectifs en *eau,* tels que *nouveau, beau,* prennent un *x* au pluriel : *nouveaux, beaux.*

85. 3e REMARQUE. La plupart des adjectifs en *al* forment leur pluriel masculin en *aux : cantonal, cantonaux, moral, moraux, égal, égaux,* etc.

REMARQUE. Il ne faut jamais supprimer le *t* en formant le pluriel des adjectifs terminés au singulier par *ant, ent :* **obligeant, obligeants ;** *un homme* **indigent,** *des hommes* **indigents.**

ACCORD DE L'ADJECTIF AVEC LE NOM.

Quelle est la règle d'accord de l'adjectif avec le nom ?

86. Tout adjectif qualificatif s'accorde en genre et en nombre avec le nom auquel il se rapporte : *un arbre vert, des arbres verts, des feuilles vertes.*

EXCEPTIONS A LA RÈGLE GÉNÉRALE D'ACCORD DE L'ADJECTIF.

Qu'arrive-t-il si les noms sont de différents genres?

87. Si les noms sont de différents genres et si l'adjectif a une terminaison particulière pour chaque genre, on doit énoncer le substantif masculin le dernier : *j'ai lu une ode et des cantiques* inspirés.

Quelle est la règle d'accord quand l'adjectif est placé après deux ou plusieurs noms?

88. L'adjectif qui suit deux ou plusieurs noms s'accorde avec le dernier :

1º Quand les substantifs ont à peu près la même signification. Ex. :

Moïse a écrit les œuvres de Dieu avec une exactitude et une simplicité **merveilleuse**.

Ici l'accord a lieu avec le dernier nom qui frappe le plus l'esprit.

2º Quand les noms sont unis par la conjonction *ou*, le dernier fût-il d'un genre différent. Ex. : *Un courage* ou *une sagesse* **étonnante**.

3º Quand l'adjectif a la force d'un adverbe comme *cher* pour *chèrement;* alors, il est invariable. Ex. : *Ces leçons coûtent* **cher**.

ORTHOGRAPHE DE CERTAINS ADJECTIFS QUALIFICA-TIFS, NUMÉRAUX ET INDÉFINIS.

Comment s'écrit le mot demi placé après le substantif?

89. *Demi*, placé après le substantif, est variable et prend le genre de ce nom. Ex : *Trois heures et* **demie**.

Comment s'écrit-il s'il est placé avant le substantif?

90. Placé avant le substantif, il est invariable. Ex. : *Une demi-journée.*

Comment s'écrit-il quand il est pris substantivement?

91. Pris substantivement : *une demie, deux demies,* il se met au pluriel. Ex. : *Cette pendule sonne les* **demies.**

Comment s'écrit le mot feu quand il précède le nom ou quand il le suit?

92. *Feu,* s'il précède le nom, est invariable : **feu** *ma tante.* Mais on dira *ma* **feue** *tante,* parce qu'il est précédé d'un adjectif qui le détermine.

Comment s'écrit le mot nu quand il précède ou suit le nom ?

93. *Nu,* s'il précède le substantif reste invariable : *nu-tête, nu-bras, nu-jambes.* Mais on dira *la nue propriété,* parce qu'il ne forme pas, comme dans les exemples précédents, une sorte de locution adverbiale. Placé après le substantif, il s'accorde en genre et en nombre. Ex. : *Pieds nus, tête nue, une vérité nue.*

Quelle est la règle d'accord quand un adjectif est composé de deux adjectifs dont le premier est pris adverbialement?

94. Quand un adjectif est composé de deux adjectifs dont le premier est pris adverbialement, le second seul varie : *court vêtu, nouveau-né* feront *court vêtus, nouveau-nés.* Ex. :

Légère et **court vêtue**, elle allait à grands pas. (La Fontaine.)

Quelle est la règle s'il est composé d'un adjectif et d'un participe ou de deux adjectifs?

95. S'il est composé d'un adjectif et d'un participe ou de deux adjectifs, les deux varient : *frais cueilli, premier-né, aigre-doux* feront *fraîche cueillie, premiers-nés, aigres-douces.*

Remarque. Quand de deux adjectifs le premier est qualifié par le second, l'un et l'autre sont invariables : *Des étoffes bleu clair, des tentures rouge vif.*

Mais on dira : *des roses blanches, des chapeaux bleus, des rubans aurore.*

Y a-t-il certains adjectifs qui ne s'appliquent pas indistinctement aux personnes et aux choses?

96. Certains adjectifs dérivés d'un verbe, comme *contestable* qui vient de *contester*, *pardonnable* qui vient de *pardonner*, ne s'appliquent pas indistinctement aux personnes et aux choses. On dit : *une opinion contestable*, mais on ne dit pas : *une personne pardonnable ou impardonnable.* Toutefois, un poëte a pu dire :

Vous voyez devant vous un prince *déplorable.* (Racine.)

ADJECTIFS DÉTERMINATIFS.

Combien y a-t-il de classes d'adjectifs déterminatifs?
97. Il y a quatre classes d'adjectifs déterminatifs, ce sont : les adjectifs *numéraux, démonstratifs, possessifs* et *indéfinis.*

Qu'est-ce que l'adjectif déterminatif?
98. L'adjectif *déterminatif* est celui qui détermine le nom en y ajoutant une idée de *nombre,* d'*indication,* de *possession* ou d'*indétermination.*

Combien y a-t-il de sortes d'adjectifs numéraux?
99. Il y a deux sortes d'adjectifs numéraux : les adjectifs numéraux *cardinaux* et les adjectifs numéraux *ordinaux.*

Qu'appelle-t-on adjectifs numéraux cardinaux?
100. On appelle *adjectifs numéraux cardinaux* les adjectifs qui désignent la quantité des objets, tels sont : *un, deux, trois, cent, mille,* **un** *jour,* **deux** *mois.*

Qu'appelle-t-on adjectifs numéraux ordinaux ?

101. On appelle *adjectifs numéraux ordinaux* les adjectifs qui expriment l'ordre, le rang, tels sont : *premier, deuxième, troisième,* etc.

Quelle est l'orthographe de vingt et cent ?

102. *Vingt* et *cent* varient quand ils sont précédés d'un adjectif numéral qui les multiplie : *quatre-vingts hommes, six cents francs,* c'est-à-dire : *quatre fois vingt hommes, six fois cent francs.*

1re EXCEPTION. Suivis d'un autre adjectif numéral, ils sont invariables : *quatre-**vingt**-cinq, six* **cent** *quatre.*

2e EXCEPTION. Ils sont encore invariables lorsqu'ils sont pris pour *vingtième, centième : page quatre-**vingt**, l'an huit* **cent.**

3e EXCEPTION. *Vingt* et *cent* ne varient pas si l'adjectif numéral qui les précède ne les multiplie pas : *cent* **vingt** *francs, mille* **cent** *ares de terre,* c'est-à-dire **cent** plus *vingt francs,* etc.

Quelle est l'orthographe de mille dans le calcul des années ?

103. *Mille,* dans le calcul des années, s'écrit *mil : l'an mil sept cent ;* mais on écrit *l'an mille ;* on écrit aussi : *l'an deux mille cent de la création.*

Comment s'écrit mille signifiant dix fois cent ?

104. *Mille,* signifiant dix fois cent, s'écrit *mille, deux mille francs.* Quand il désigne une mesure itinéraire, il prend la marque du pluriel : *deux milles d'Angleterre.* Enfin on dit *les* **mille** *et une nuits ; les* cent-*et-un ; les* **cent** *jours.*

REMARQUE. On ne doit écrire un trait d'union qu'entre les dizaines et les unités, ou bien quand *vingt* est précédé d'un adjectif numéral qui le multiplie. Ex. : *vingt-deux, trente-trois, quatre-vingt-un, quatre-vingt-onze.* Mais on écrira sans trait d'union : *trois cent quatre, mil huit cent soixante*, etc.

Qu'est-ce que l'adjectif déterminatif démonstratif?

105. L'adjectif *déterminatif démonstratif* est celui qui détermine la signification du substantif en y ajoutant une idée d'*indication*. Les adjectifs *déterminatifs démonstratifs* sont : *ce, cet, cette, ces*.

On écrit *ce* devant une consonne ou une *h* aspirée : *ce château, ce héros;* et *cet* devant une voyelle ou une *h* muette : *cet enfant, cet habit*. Ex. :

> *Cette* lime lui dit, sans se mettre en colère. (La Fontaine.)
> *Ce* bloc enfariné ne me dit rien qui vaille.   (id.)

Ainsi, *ce, cet, cette, ces*, adjectifs démonstratifs, indiquent l'objet même dont on parle. Si l'on dit : *ce chapeau*, c'est *ce chapeau* même que l'on montre.

Qu'est-ce que l'adjectif possessif?

106. L'*adjectif possessif* est celui qui détermine la signification du substantif en y ajoutant une idée de possession. Ex. : *mon, ton, son; ma, ta, sa; notre, votre, leur; nos, vos, leurs*.

Quand le sens de la phrase indique clairement le rapport de possession, on emploie l'article et non le possessif. Ex. : *J'ai mal* **au** *genou. Paul s'est foulé* **le** *pied*.

Ici le rapport de possession est très-clair : *c'est bien à* **mon** *genou que j'ai mal*.

Dans quel cas les adjectifs possessifs notre, votre, leur, prennent-ils la marque du pluriel?

107. *Notre, votre, leur* se mettent au pluriel quand il se rapportent à plusieurs individus ou à plusieurs objets pris collectivement. Ex. : *Ces enfants ont perdu* **leurs** *pères et* **leurs** *mères*.

Dans quel cas prennent-ils la marque du singulier ?

108. *Notre, votre, leur,* au contraire, sont toujours au singulier devant un nom qui ne prend pas la marque du pluriel. Ex. : *Voici des nouvelles de* **notre santé.** *Enfants, veillez sur* **votre conduite.** *J'admire* **leur charité.**

Qu'arrive-t-il quand l'objet possesseur et l'objet possédé sont dans la même phrase ?

109. Quand l'objet |possesseur et l'objet possédé sont dans la même phrase, on emploie *son; sa, ses.* Ex :. *La campagne* (objet possesseur) *a* **ses** *agréments* (objet possédé).

Qu'arrive-t-il si l'objet possesseur n'est pas exprimé dans la même phrase ?

110. Si l'objet possesseur n'est pas exprimé dans la même phrase, on emploie le pronom *en* au lieu de *son, sa, ses* et on met l'article. Ex. : *J'ai lu Boileau, et j'*en *admire* **les** *beaux vers.* On dira bien en parlant d'un poëte : *j'admire la beauté de ses vers.*

Qu'est-ce que l'adjectif indéfini ?

111. L'*adjectif indéfini* est celui qui détermine la signification du substantif en y ajoutant pour la plupart une idée *vague* ou *générale.* Ex. : *Chaque, aucun, nul, même, quel, autre, tous, certain, quelque, quelconque, tel.*

Quelle est l'orthographe de chaque ?

112. *Chaque* doit être suivi d'un nom : *chaque homme, chaque peuple.*

II. *Aucun* et *nul* précédant le substantif sont au singulier et signifient *pas un. Aucune* ombre ne ternit sa gloire. *Nul* être n'échappe à la mort.

C'est-à-dire *pas une* ombre, *pas un* être.

Comment écrit-on **aucun, nul** *devant un nom qui ne s'emploie qu'au pluriel ?*

113. On écrira *aucun* et *nul* au pluriel devant un substantif qui ne s'emploie qu'au pluriel, comme *décombres, funérailles,* etc. : *nuls décombres, aucunes funérailles.*

Quelle est l'orthographe de l'adjectif indéfini **même ?**

114. *Même* adjectif varie : 1° quand il précède le nom; 2° quand il suit un pronom ou un seul nom : *on eût cru que les soldats n'avaient tous qu'une* **même** *âme. Les rois* **eux-mêmes** *sont sujets à la mort.*

Ces murs *mêmes,* seigneur, peuvent avoir des yeux. (Racine.)

Même, adverbe, est invariable : 1° quand il modifie un verbe : *il chérissait* **même** *ses ennemis.*

2° Quand il est placé après plusieurs noms : *les hommes, les animaux, les insectes* **même** *songent à leur conservation. Les plus habiles, les plus savants* **même** *sont sujets à l'erreur.*

3° Quand il précède ou suit un adjectif : *tout citoyen doit obéir aux lois,* **même** *injustes (fussent-elles injustes).*

Quelle est l'orthographe de l'adjectif indéfini **tout ?**

115. *Tout* adjectif varie et prend l'accord du substantif ou du pronom qu'il détermine. *Tous les pays. Toutes les nations. Toute personne.*

Tout adverbe, quand il signifie *bien que, entièrement,* est invariable.

Les chevaux, **tout** bridés, caracolaient aux portes.
Ces colonnes, **tout** élevées qu'elles sont, paraissent fort solides.

Remarque *Tout,* même devant un nom, est quelquefois invariable dans le même sens : *Ils sont* **tout** *yeux,* **tout** *oreilles.*

Tout, placé devant un adjectif féminin qui commence par une consonne ou une *h* aspirée, varie quoique pris adverbialement : *elle est toute malade, toute honteuse.*

Tout reste invariable si l'adjectif féminin commence par une voyelle ou une *h* non aspirée : *des femmes* **tout** *éplorées; des jeunes filles* **tout** *heureuses.*

Tout placé devant l'adjectif *autre* est invariable s'il modifie cet adjectif : *c'est* **tout** *autre chose* = *c'est une chose entièrement différente.*

Tout, s'il modifie le nom qui suit *autre*, s'accorde avec ce nom : *demandez-moi* **toute** *chose autre*, c'est-à-dire *toute autre chose* que celle-là.

Tout est adverbe devant ou après *un, une : c'est une* **tout** *autre nature.*

Quelle est l'orthographe de l'adjectif indéfini **quelque** *?*

116. *Quelque* s'écrit en un seul mot devant un nom ou un adjectif; il est alors adjectif, et par conséquent variable. **Quelques** *lumières* qu'ils aient acquises. **Quelques** *bonnes personnes vinrent à son secours.*

> **Quelques** rayons de miel sans maître se trouvèrent.
> (La Fontaine.)

Quelque est adverbe et par conséquent invariable 1º quand il précède un adjectif qui n'est pas suivi immédiatement d'un nom : **quelque** *prudentes qu'elles puissent être.*

2º Quand il modifie un adverbe : **quelque** *adroitement qu'ils s'y prennent.*

3º *Quelque* est encore invariable quand il signifie *environ : il a* **quelque** *soixante ans.*

Quelque varie lorsque l'adjectif est immédiatement suivi d'un nom; ce nom fait alors la loi, et *quelque* s'accorde avec lui : **quelques** *vains plaisirs que donne la richesse.* Quelques détermine ici *plaisirs.*

Quel que s'écrit en deux mots quand il est suivi d'un verbe ; l'accord se fait ici entre *quel* et le sujet du verbe : **quelles que** *soient vos raisons, elles ne sauraient me persuader* = vos raisons, *quelles qu'elles soient,* etc.

CHAPITRE IV

PRONOM. — SYNTAXE DES PRONOMS.

On a imaginé les **pronoms** pour éviter la répétition des noms ; ce sont des mots très-courts pour la plupart et qui rendent le langage plus vif et plus rapide.

Qu'est-ce que le pronom ?

117. Le pronom est un mot *variable*, susceptible de *genre* et de *nombre*, et qui rappelle l'idée du substantif dont il tient la place. En un mot, le pronom est *mis pour le nom.* Ainsi Racine dit en parlant des Romains :

> Des biens des nations ravisseurs altérés,
> Le bruit de nos trésors *les* a tous attirés.

Les est un pronom qui rappelle l'*idée de Romains* et qui est *mis pour ce nom.*

DIFFÉRENTES ESPÈCES DE PRONOMS. DISTINCTION DES PERSONNES. DES PRONOMS PERSONNELS.

Combien y a-t-il de sortes de pronoms ?

118. Il y a six sortes de pronoms : les pronoms *personnels*, les pronoms *démonstratifs*, les pronoms *possessifs*, les pronoms *relatifs* ou *conjonctifs*, les pronoms *interrogatifs* et les pronoms *indéfinis.*

Combien y a-t-il de personnes qui jouent un rôle dans tout discours ?

119. Dans tout discours il y a nécessairement trois personnes qui y jouent un rôle : 1° celle qui parle, *ie lis;* 2° celle à qui l'on parle, *tu lis;* 3° celle dont on parle, *il lit*. De là trois personnes; de là aussi les **pronoms personnels.**

Quels sont les pronoms de la 1re personne ?

120. Ce sont : *je, moi, me, nous.*

Quels sont les pronoms de la 2e personne ?

121. Ce sont : *tu, toi, te, vous.*

Quels sont les pronoms de la 3e personne ?

122. Ce sont : *il, ils, elle, elles, lui, eux, le, la, les, leur, soi, se, en, y.*

Quelle place doit occuper le pronom personnel employé comme sujet?

123. Le pronom personnel employé comme sujet précède immédiatement le verbe.

> **Vous** possédez des Grecs la plus riche contrée. (Racine.)

Vous, pronom, sujet de *possédez.*

Le pronom personnel employé comme sujet ne suit-il pas quelquefois le verbe?

124. Il le suit immédiatement : 1° dans les tours interrogatifs ou exclamatifs.

> Songez-**vous** aux malheurs qui nous menacent tous? (Racine.)
> Combien nos fronts pour elle ont-**ils** rougi de fois !   (Id.)

2° Il le suit encore dans les phrases où quelqu'un exprime les paroles d'autrui :

> Êtes-vous satisfait ? — Moi ! dit-il; pourquoi non ? (La Fontaine.)

Ou ses propres paroles :

> Voudrais-**je**, de la terre inutile fardeau,
> Attendre chez mon père une obscure vieillesse? (Racine.)

Quelle place doit occuper le pronom personnel employé comme complément direct ou indirect?

125. Le pronom personnel employé comme complément direct ou indirect se place avant le verbe quand ce verbe n'est pas à l'impératif :

> Voilà ce qui *m*'amène (Racine.)

Me complément direct du verbe *amener*.

> La première époque *vous* présente d'abord un grand spectacle.
> (Bossuet.)

Vous complément indirect de *présenter* (présente à **vous**).

Qu'arrive-t-il si le verbe est à l'impératif?

126. Si le verbe est à l'impératif, le pronom suit le verbe :

> Çà, messieurs les chevaux, payez-**moi** de ma peine. (La Fontaine.)

Qu'arrive-t-il si deux impératifs sont unis par une des conjonctions **et, ou***?*

127. Si deux impératifs sont unis par une des conjonctions *et, ou*, on place en poésie le pronom, complément du second verbe, avant ce verbe :

> Peignez-les-moi, dit l'aigle, *ou* bien me *les* montrez. (La Fontaine.)

Remarque. I. On doit toujours répéter les pronoms personnels quand ils sont compléments d'un verbe à un temps simple, et qu'ils le précèdent :

> On *l*'emporte, on *le* sale, on **en** fait maint repas. (La Fontaine.)

II. On doit répéter le pronom personnel quand il est à la fois le complément direct d'un verbe et le complément indirect d'un autre verbe? *il respecte les lois et* **leur** *obéit*.

On ne pourrait pas dire : *il respecte et obéit aux lois.*

Quelle règle d'accord suit le pronom le, la, les, mis pour un nom ou un adjectif pris substantivement ?

128. Le pronom *le, la, les,* mis pour un nom ou un adjectif pris substantivement, s'accorde en genre et en nombre avec ce nom :

Madame, êtes-vous *la* directrice de cette école? — Oui, je *la* suis. Êtes-vous *les* ministres du roi ? — Oui. nous *les* sommes.

Mais le pronom *le, la, les,* ne varie pas quand il rappelle l'idée d'un adjectif ou d'un nom pris adjectivement :

Madame, êtes-vous directrice de cette école. — Oui, je *le* suis. Êtes-vous capitaines de ces compagnies? Oui, nous *le* sommes.

Dans quel cas le est-il invariable ?

129. *Le* est invariable quand il signifie *cela* et qu'il tient la place d'un verbe ou d'une proposition :

Si j'ai obtenu la grâce de mon frère, je *le* dois à votre crédit. (Je dois *cela*.)

Quelle est la règle d'emploi du pronom réfléchi soi ?

130. On peut employer le pronom réfléchi *soi* au lieu de *lui, elle,* pour rappeler l'idée d'un nom de *chose* figurant comme sujet : cette démarche entraîne après *soi* des difficultés.

En parlant des personnes, on n'emploie guère le pronom *soi* que lorsqu'il se rapporte à un pronom indéfini comme *on, quiconque, chacun,* ou à un infinitif : *ne penser qu'à* **soi**, *chacun travaille pour* **soi**.

Gnathon ne vit que pour *soi*. (La Bruyère.)

Et pour éviter une équivoque : en remplissant les volontés de son père ce jeune homme travaille pour *soi* (et non pour *lui*).

Remarque. I. Le mot *grâce* dans *faire grâce*, qui équivaut à *pardonner*, exprime avec le verbe *faire* une seule idée. Le substantif étant alors par lui-même indéterminé, le pronom ne saurait en tenir la place. Il en est de même dans les expressions *demander conseil*, *avoir droit*, etc.

Ne dites pas : *j'ai demandé conseil et il m'a été refusé.*

Dites : *j'ai demandé* **un** *conseil, et il m'a été refusé.*

II. Le pronom doit se rapporter à un nom déterminé et non à des substantifs différents :

Ne dites pas : *on rapporte qu'on a brûlé la ville.*

Dites : *on rapporte que la ville a été brûlée.*

III. Quand on parle des animaux ou des choses on se sert en général des pronoms *en*, *y*, et non pas des pronoms *lui*, *eux*, *elles*, précédés d'une préposition. *Ce chien est méchant*, **n'en** *approchez pas*, et non : *n'approchez pas* **de lui.**

Le pronom *y* se dit des personnes considérées d'une manière générale ou vague. *Plus on approfondit l'homme, plus on y démêle de faiblesse et de grandeur.*

IV. Le pronom *y* précède ordinairement le verbe, excepté à l'impératif. *Il faut que vous* **y** *pensiez. Pensez-***y**. On supprime le pronom *y* devant le futur simple et le conditionnel présent du verbe *aller*. *Irez-vous à Paris?* **J'irai** pour *j'***y** *irai.*

DES PRONOMS DÉMONSTRATIFS.

Qu'est-ce que le pronom démonstratif?

131. Si au lieu de dire : *je vous offre les œuvres de Boileau, il est le poëte que je préfère;* je dis : **c'est** *le poëte que je préfère; ce*, mis pour *il*, est un *pronom démonstratif.*

Ce droit vous le savez, c'est le droit du plus fort. (La Fontaine.)

Le *pronom démonstratif* est donc celui qui désigne les personnes ou les choses en les *montrant.*

Citez les pronoms démonstratifs?

132. Ce sont : *ce, ceci, cela; celui, celle; celui-ci, celle-ci; celui-là, celle-là,* pour le singulier. *Ceux, celles; ceux-ci, celles-ci; ceux-là, celles-là,* pour le pluriel.

Qu'arrive-t-il lorsque ce est placé devant qui, que, dont, quoi ?

133. *Ce* placé devant des expressions comme *qui, que, dont, quoi,* se répète dans le second membre de phrase, s'il commence par le verbe **être**. **Ce qui** domine en lui c'est le courage. **Ce dont** il faut s'occuper, **c'est** de faire le bien.

Ce est-il toujours nécessaire devant le verbe être ?

134. *Ce*, même devant le verbe *être*, n'est pas toujours nécessaire, à moins que le verbe *être* ne soit précédé de deux ou plusieurs verbes à l'infinitif; ou à moins encore que le verbe *être* ne soit précédé et suivi d'un infinitif. Ainsi on dira bien :

Le fond d'un Romain **était** l'amour de la liberté et de sa patrie. (Bossuet.)

Mais on doit dire absolument :

Nourrir le bétail, labourer la terre, vivre d'épargne et de travail, **c'est** de quoi les Romains soutenaient leur famille. (Bossuet.)

REMARQUE. *Celui, celle,* etc., ont besoin d'être déterminés soit par un complément indirect, soit par un pronom relatif placé après. Il faut donc écrire :
Le goût de la philosophie n'était pas alors **celui qui** *dominait,* et non pas : *le goût de la philosophie n'était pas alors* **celui** *dominant.*

Quelle différence y a-t-il entre celui-ci et celui-là?

135. *Celui-ci, ceci; celui-là, cela* marquent, les premiers, l'objet le plus rapproché; les autres, l'objet le plus éloigné. Telle est cette phrase : Héraclite et Démocrite étaient d'un caractère bien différent : *celui-ci* (Démocrite) riait toujours; *celui-là* (Héraclite) pleurait sans cesse.

DES PRONOMS POSSESSIFS.

Qu'est-ce que le pronom possessif?

136. C'est celui qui sert à marquer la *possession* des personnes ou des choses qu'il représente.

Citez les pronoms possessifs?

137. Ce sont : *le mien, le tien, le sien; le nôtre, le vôtre, le leur*. Ce chapeau est *le mien*. Ce cheval est *le sien*. Ce chapeau est-il *le vôtre?* Cette voiture est *la* **leur.**

Le mien, le sien, etc., rappellent le substantif, et comme ils marquent la *possession* ils sont pronoms possessifs.

On dit aussi substantivement : le *mien*, le *sien;* et dans un sens précis : les *miens* pour *mes parents.*

DES PRONOMS RELATIFS OU CONJONCTIFS.

Qu'est-ce que le pronom relatif ou conjonctif?

138. Si je dis : l'*homme que* vous voyez, *que* établit une relation avec le substantif *homme* qui forme ce qu'on appelle un *antécédent*. Le pronom relatif est donc ainsi appelé à cause de sa *relation* avec le substantif.

Citez les pronoms relatifs ou conjonctifs?

139. Ce sont : *qui, que, quoi, dont, lequel, laquelle, lesquels, lesquelles.*

Pour éviter toute équivoque, il faut rapprocher toujours le relatif de son antécédent :

> Certain chien *qui* portait la pitance au logis. (La Fontaine.)
>> Le bel emploi *que* tu nous donnes!   (id.)
>> Le collier *dont* je suis attaché
> De ce que vous voyez est peut-être la cause. (id.)

Cette règle n'est pourtant pas absolue. Ainsi, ce n'est pas la violer que de dire : un jour viendra *qui* n'est pas loin.

Ici il n'y a aucune équivoque.

Comment pourrait-on échapper à toute équivoque?

140. En substituant au pronom *qui, que, dont,* les pronoms *lequel, laquelle,* etc. : il y a une édition de ce livre *laquelle* se vend fort bon marché.

Remarque. I. *Lequel* s'emploie aussi très-fréquemment dans le sens interrogatif. *Lequel choisissez-vous? Auquel donnez-vous la préférence ?*

II. Il s'emploie aussi dans le sens de *celui, celle qui. Parmi ces étoffes, dites-moi* **laquelle** *vous plairait surtout.*

III. Evitez les *qui, que,* et prenez un tour plus simple quand la répétition de ces pronoms aurait pour effet d'obscurcir la phrase.

IV. *D'où* et *dont* ne s'emploient pas indifféremment. On dira : *le pays d'où vous venez,* et non : **dont** *vous venez.* On dira : *la personne, l'affaire* **dont** *je vous ai parlé.*

V. Ne dites pas : *donnez-lui ce* **qu'il** *a besoin,* mais *ce dont il a besoin. C'est tout ce* **qu'il** *s'agit,* mais : *c'est tout ce dont il il s'agit.* Dites : *moi qui* **ai** *travaillé,* et non : *moi qui* **a** *travaillé,* etc.

DES PRONOMS INTERROGATIFS.

Citez les pronoms interrogatifs?

Ce sont : *Qui? Lequel? Quel? Quoi? Qui? Quand? Comment? Où? Combien? Qui vous l'a dit?* **Quel** *est cet homme?* **Quoi** *de nouveau?* **Que** *dites-vous?* **Quand** *viendra-t-il?* **Comment** *allez-vous?* etc.

DES PRONOMS INDÉFINIS.

Citez les pronoms indéfinis ?

141. Ce sont : *autrui, chacun, l'un l'autre, les uns les autres, nul, on, quelqu'un, quiconque, rien.*

Quel est le plus usité des pronoms indéfinis ?

142. Le plus usité des pronoms indéfinis est le pronom vague et général *on.*

On lui lia les pieds, **on** vous le suspendit. (La Fontaine.)

On *ne peut-il pas désigner un nom féminin ?*

143. *On,* quoique indéfini, peut désigner une personne du sexe féminin ; alors le participe ou l'adjectif qui s'y rapportent sont au féminin :

On n'est pas plus charmante que **cette enfant.**

Remarque. Au xvie siècle, et pour raison d'euphonie, on faisait le plus souvent précéder le pronom *on* de *l'* : **L'on** dit, l'on raconte. On dira également : si l'on dit, et non : *si on dit.*

La Fontaine a pu dire :

> Il a dit que, l'aurore levée,
> *L'on* fît venir demain des amis pour l'aider.

Comment s'écrit chacun sujet de la phrase ou précédé d'un complément direct ?

144. *Chacun,* sujet de la phrase, veut après lui le possessif *son, sa, ses.*

Chacun pris dans **son** air est agréable en soi. (Boileau.)

De même quand il est précédé d'un complément direct : les deux rois se sont retirés, *chacun* dans sa tente.

Remarque. On emploie le pronom *leur* au lieu du possessif *son*, *sa*, *ses*, quand *chacun* précède le complément direct :

> Mais les seigneurs sur leur tête
> Ayant *chacun* = *leur* plumail. (La Fontaine.)

Dans quel cas personne est-il pronom ?

145. *Personne* est pronom quand il a le sens de l'indéfini *aucun ;* alors il est masculin : *personne* n'oserait dire. = **Aucun** *n'oserait dire.*

Dans quel cas est-il substantif ?

146. *Personne* est substantif quand il a un sens précis ; alors il est féminin :

> Ces deux *personnes*-ci plus honnêtes que toi
> Devraient t'apprendre à vivre, ou du moins à te taire. (La Fontaine.)

Quelle idée éveille l'un l'autre ?

147. *L'un l'autre* éveille l'idée de réciprocité.

On dira, en parlant de deux : *ils s'aiment l'un l'autre.*

On dira, en parlant de plusieurs : *aimez-vous les uns les autres.*

Remarque. Sont encore indéfinis : *quiconque*, *quelqu'un*, etc.

> *Quiconque* a beaucoup vu
> Peut avoir beaucoup retenu. (La Fontaine.)
> C'est donc *quelqu'un* des tiens.   (Id.)

CHAPITRE V

DU VERBE.

Qu'est-ce que le verbe ?

148. Le verbe est un mot *variable*, susceptible de *nombre*, par lequel on affirme que la manière d'être exprimée par l'*attribut* convient au sujet.

PROPOSITIONS. — SUJET. — VERBE. —ATTRIBUT.

Peut-on concevoir un jugement ou une proposition sans verbe ?

149. Sans verbe, il n'y a ni *jugement*, ni *proposition;* il n'y a que des idées sans lien. Le verbe est le mot *par excellence.*

Expliquez cela par un exemple?

150. Si l'on dit : *soleil brillant,* ce sont là deux mots auxquels manque un lien, et qui ne forment qu'un *jugement* très-incomplet. Mais si l'on dit : *le soleil* **est** *brillant,* le mot *est* qui se place entre *soleil* et *brillant* les unit l'un à l'autre, et forme avec eux ce que l'on appelle un *jugement,* ou plus simplement, une *proposition complète.*

Combien toute proposition renferme-t-elle de mots?

151. Toute proposition renferme au moins trois mots qui ont chacun un nom : ainsi *Paul est laborieux,* voilà une proposition de l'ordre le plus simple. *Paul* s'appelle le *sujet. Est* par lequel on affirme que la *manière d'être* exprimée par le mot *laborieux* convient à Paul, s'appelle le *verbe. Laborieux* qui marque la qualité que l'on juge convenir au sujet s'appelle *l'attribut.*

Quel est le verbe proprement dit?

152. C'est le verbe *être.* On lui donne aussi le nom de verbe *substantif,* c'est-à-dire qui existe, qui *subsiste* par lui-même, indépendamment de tout attribut.

Définissez le verbe attributif?

153. Le verbe s'unit si naturellement avec l'*attribut,* presque tous les verbes qu'on rencontre dans l'usage sont appelés par cette raison *attributifs.* **En** effet, *j'aime* peut se décomposer ainsi : *je suis aimant. Je* *marche* est mis pour *je suis marchant*. Ici, c'est *l'action* que le verbe exprime (je marche, je fais *l'action de marcher*) ; là c'est *l'état* (j'aime).

Combien y a-t-il de verbes auxiliaires ?

154. Il y en a deux principaux : le verbe *être* et le verbe *avoir*. (Voir la 2e partie.)

I. SUJET DU VERBE.

Comment reconnaît-on le sujet d'un vérbe ?

155. Dans l'exemple ci-dessus je *marche*, si on demande : *qui est-ce qui marche ?* On répondra : *je* ou *moi. Je* qui est l'objet de l'affirmation marquée par le verbe est le sujet du verbe *marcher*. Dans cet exemple : *la neige tombe*, si l'on demande : *qu'est-ce qui tombe ?* on répondra : *la neige. La neige* est le *sujet* du verbe *tomber*.

Comment reconnaît-on le sujet du verbe ?

156. On reconnaît donc le sujet du verbe en faisant devant ce verbe la question : *qui est-ce qui* pour les personnes, et *qu'est-ce qui* pour les choses.

REMARQUE. I. Le sujet du verbe peut être ou une personne ou une chose : *Pierre marche ; la neige tombe.*

II. La même personne ou la même chose peut être le **sujet** de plusieurs actions : *Le bon maître* **instruit** *et* **élève** *ses disciples. La pluie* **arrose** *et* **rafraîchit** *les fleurs.*

II. COMPLÉMENTS DU VERBE.

Qu'appelle-t-on complément ou régime du verbe ?

157. Le *complément* n'est autre chose que le mot qui *complète* l'idée qu'énonce un autre mot. *J'aime* **Dieu,** le mot Dieu est le complément de l'idée qu'énonce incomplétement le mot *aimer ;* c'est *l'objet* de l'action.

Pourquoi l'appelle-t-on complément ou régime direct ?

158. On l'appelle complément *direct*, parce que, *directement* et sans le secours d'aucun autre mot, il *complète* le sens du verbe. J'aime Dieu, *j'aime qui ?* Dieu. J'aime le travail, *j'aime quoi ?* le travail. Les mots *Dieu* ět *travail* sont deux *compléments directs*.

Qu'est-ce que le complément ou régime indirect ?

159. Quand je dis : *je m'occupe* **de** *vous ; je sors* **avec** *eux ; je songe* **à** *votre affaire*, les mots *de vous, avec eux, à votre affaire*, qui répondent aux questions : de qui ? avec qui ? à quoi ? etc., sont les compléments *indirects* des verbes *s'occuper, sortir, songer*. Le *complément ou régime indirect* est celui qui ne *complète* l'i-déc énoncée par le verbe qu'avec le secours de certains autres mots qu'on appelle *prépositions*.

Remarque. I. Des pronoms peuvent aussi jouer le rôle de compléments directs ou indirects : Le maître *vous* appelle. Le maître appelle qui ? **vous**. Le pronom **vous** est donc le régime du verbe appeler.

II. Plusieurs noms peuvent être les régimes d'un seul verbe : *Le berger conduit les* **moutons** *et les* **chèvres**. Toutefois, il ne faut pas croire que tous les noms qui suivent un verbe soient les régimes de ce verbe. Il suffit de chercher quel est l'objet de l'action exprimée par le verbe. Ainsi quand je dis : *Pierre cueille les fruits du verger. Pierre*, su jet, *cueille* quoi ? *les fruits*, objet de l'action ; mais les mots *du verger*, n'étant pas l'objet de l'action, ne forment pas le régime du verbe.

III. PERSONNES DU VERBE.

Combien y a-t-il de personnes qui concourent à l'action exprimée par le verbe ?

160. Il y en a trois : 1° celle qui parle ou fait l'action : *je marche;* 2° celle à qui l'on parle : *tu marches;* 3° celle dont on parle : *il marche.* Voilà pour le singulier. Au pluriel, ces trois personnes sont : *nous* pour la 1re; *vous* pour la 2e; *ils, elles;* pour la 3e.

IV. DES NOMBRES DU VERBE.

Combien y a-t-il de nombres pour le verbe?

161. Il y a *deux nombres* pour le verbe comme pour le nom : le *singulier,* quand il s'agit d'une seule personne ou d'un seul objet : *je* marche, *tu* marches, *il* marche; *la neige* tombe; le *pluriel,* quand il s'agit de plusieurs personnes ou de plusieurs choses : *nous* marchons, *vous* marchez, *ils* ou *elles* marchent, *les fruits* tombent.

V. DES MODES DU VERBE.

Qu'appelle-t-on modes d'un verbe?

162. On appelle *modes* d'un verbe les différentes *manières* dont le verbe présente l'action ou l'état qu'il exprime.

Combien distingue-t-on de sortes de modes?

163. Il y en a deux sortes : les *modes personnels* dans lesquels la forme du verbe varie selon les personnes; et les *modes impersonnels,* c'est-à-dire ceux dont l'action n'est pas attribuée à une personne plutôt qu'à une autre.

Combien y a-t-il en français de modes personnels?

164. Il y en a quatre : l'*indicatif,* le *conditionnel,* l'*impératif,* le *subjonctif.*

Combien y a-t-il en français de modes impersonnels?

165. Il y en a deux : l'*infinitif* et le *participe.*

Qu'est-ce que le mode indicatif?

166. C'est le mode qui exprime, qui *indique* l'état

ou l'action d'une manière positive, certaine et absolue : *Je lis.*

Qu'est-ce que le mode conditionnel ?

167. C'est le mode qui exprime l'affirmation avec une idée accessoire de *condition* sous laquelle la chose se ferait. *Je lirais, si.*

> **J'aurais** trop de regret **si** quelque autre guerrier
> Au rivage troyen descendait le premier. (Racine.)

Qu'est-ce que le mode impératif ?

168. C'est le mode qui exprime le commandement, et souvent aussi la prière, l'exhortation, l'invitation.

> **Va, cours, vole**, et me venge. (Corneille.)
> **Arrachez** brin à brin
> Ce qu'a produit ce maudit grain. (La Fontaine.)

Qu'est-ce que le mode subjonctif ?

169. C'est le mode qui exprime l'affirmation d'une manière subordonnée et dépendante d'un autre verbe, auquel le verbe au mode subjonctif est le plus souvent lié par une conjonction.

> Bertrand dit à Raton : « Frère, *il faut* aujourd'hui
> *Que tu fasses* un coup de maître. (La Fontaine.)

REMARQUE. Le subjonctif est le mode qu'on emploie quand il y a *doute, incertitude,* ou quand on fait une *supposition* ou une *concession.* Comparez les exemples suivants : **quoi que tu dises. Quoique tu sois** *pauvre,* *n'envie point le sort d'autrui* (supposition). **Quoiqu'il eût** *bien travaillé, il n'obtint pas la première place* (concession).

Qu'est-ce que le mode infinitif ?

170. Le mode infinitif est ainsi appelé, parce qu'il est *indéfini,* indéterminé. Si j'analyse le verbe *mar-*

cher, j'y reconnais l'idée du verbe *être* et celle d'un *attribut* (être marchant), mais celle d'un sujet n'y est pas exprimée. En un mot, on n'y aperçoit pas *la variété des personnes*.

Qu'est-ce que le mode participe?

171. C'est un mode qui tire son nom de ce qu'il *participe* à la fois du verbe et de l'adjectif : du *verbe* comme étant susceptible d'inflexions temporelles et gouvernant le même régime que le verbe auquel il appartient; de l'*adjectif*, en ce qu'il s'accorde en genre et en nombre avec le nom ou pronom auquel il se rapporte.

VI. DES TEMPS DU VERBE.

Qu'est ce que le temps d'un verbe?

172. Le temps d'un verbe est la forme que prend ce verbe pour marquer *l'époque* où se fait l'action.

Combien la durée a-t-elle d'époques?

173. La durée a trois époques : le temps présent (je marche); le temps passé (je marchai), et le temps futur (je marcherai).

REMARQUE. Il y a même dans le temps passé et futur divers degrés qui correspondent à divers *moments* de la durée : de là plusieurs temps passés et futurs.

I. *Temps présent*. Le temps présent indique l'action comme ayant lieu à l'instant où l'on parle (je sors).

II. *Temps passés*.

Combien y a-t-il de temps passés?

174. Il y en a cinq : 1º l'*imparfait*; 2º le *passé défini*; 3º le *passé indéfini*; 4º le *passé antérieur*; 5º le *plus-que-parfait*.

Qu'est-ce que l'imparfait?

175. *L'imparfait* de l'indicatif est un temps qui exprime une action actuellement passée, mais qui ne l'était pas encore quand une autre s'est faite : *Je lisais quand il entra.*

Qu'est-ce que le passé défini?

176. *Le passé défini* est un temps qui indique l'époque *définie* où l'action a eu lieu : *J'allai à Paris l'an dernier.*

Qu'est-ce que le passé indéfini?

177. *Le passé indéfini* est un temps qui indique l'époque *indéfinie* non encore écoulée où l'action a eu lieu : *J'ai travaillé aujourd'hui.*

Qu'est-ce que le passé antérieur?

178. *Le passé antérieur* est un temps qui indique l'action comme ayant eu lieu avant une autre dans le passé : *quand j'eus vu, je me retirai.*

Qu'est-ce que le plus-que-parfait?

179. *Le plus-que-parfait* est un temps qui indique une action comme déjà passée, quand une autre, déjà passée elle-même, a eu lieu : *J'avais lu quand vous êtes entré.*

III. *Temps futurs.*

Qu'est-ce que le futur simple?

180. *Le futur simple* désigne l'action comme devant avoir lieu dans un temps qui n'est pas encore : *J'écrirai.*

Qu'est-ce que le futur antérieur?

181. Le *futur antérieur* est un temps qui désigne une action future, mais qui sera passée avant qu'une autre action soit accomplie : *J'aurai écrit cette lettre quand vous arriverez.*

Remarque. I. Le participe a deux temps en français : le présent terminé en *ant* (*lisant, recevant*), et le *passé lu, reçu*). II. Le participe futur se forme à l'aide du verbe *devoir* : *devant* lire, *devant* recevoir.

Combien y a-t-il de sortes de temps?

182. Il y en a deux sortes : les temps *simples* et les temps *composés*.

Qu'est-ce qu'un temps simple? Qu'est-ce qu'un temps composé?

183. Un *temps simple* est celui qui se suffit à lui-même indépendamment des auxiliaires *être* ou *avoir*, avec lé secours desquels on forme les *temps composés*. Ex. : *J'aime, je finissais, je reçus*, etc., voilà des **temps simples.** *J'ai aimé, j'avais fini, tu seras reçu*, etc., voilà des **temps composés.**

Qu'appelle-t-on conjuguer un verbe?

184. Conjuguer un verbe c'est *écrire* ou *réciter* ce verbe avec tous ses modes et avec tous ses temps.

VII. RADICAL ET TERMINAISONS.

Qu'appelle-t-on radical d'un verbe?

185. On appelle *radical* la partie d'un mot qui reste après la suppression, par analyse, de la *terminaison*, et qui de sa nature est invariable; ainsi, *aim* est le radical du verbe *aimer* dans la plus grande partie de sa conjugaison. Au futur et au conditionnel présent, c'est l'infinitif qui sert de radical : *j'aimer-ai, j'aimer-ais.*

Qu'appelle-t-on terminaisons d'un verbe?

186. C'est la partie supprimée d'un mot dont il ne reste que le radical. Dans le verbe, les terminaisons varient selon les *nombres*, les *personnes*, les *modes* et les *temps*.

VERBE AUXILIAIRE **AVOIR**

INDICATIF.

PRÉSENT.

Singulier.

J'ai
Tu as
Il *ou* elle a.

Pluriel.

Nous avons
Vous avez
Ils *ou* elles ont.

IMPARFAIT.

J'avais
Tu avais.
Il *ou* elle avait.
Nous avions
Vous aviez
Ils *ou* elles avaient.

PASSÉ DÉFINI.

J'eus
Tu eus
Il *ou* elle eut.
Nous eûmes
Vous eûtes
Ils *ou* elles eurent.

PASSÉ INDÉFINI.

J'ai eu
Tu as eu
Il *ou* elle a eu.
Nous avons eu
Vous avez eu
Ils *ou* elles ont eu.

PASSÉ ANTÉRIEUR.

J'eus eu
Tu eus eu
Il *ou* elle eut eu.
Nous eûmes eu
Vous eûtes eu
Ils *ou* elles eurent eu.

PLUS-QUE-PARFAIT.

J'avais eu
Tu avais eu
Il *ou* elle avait eu.
Nous avions eu
Vous aviez eu
Ils *ou* elles avaient eu.

FUTUR SIMPLE.

J'aurai
Tu auras
Il *ou* elle aura.
Nous aurons
Vous aurez
Ils *ou* elles auront.

FUTUR ANTÉRIEUR.

J'aurai eu
Tu auras eu
Il *ou* elle aura eu.
Nous aurons eu
Vous aurez eu
Ils *ou* elles auront eu.

CONDITIONNEL.

PRÉSENT.

J'aurais
Tu aurais
Il *ou* elle aurait.
Nous aurions
Vous auriez
Ils *ou* elles auraient.

PASSÉ.

J'aurais eu
Tu aurais eu
Il *ou* elle aurait eu.
Nous aurions eu
Vous auriez eu
Ils *ou* elles auraient eu.

3.

On dit aussi : *J'eusse eu, tu eusses eu, il ou elle eût eu ; nous eussions eu, vous eussiez eu, ils ou elles eussent eu.*

IMPÉRATIF.

Point de 1re personne du singulier, ni de 3e pour le singulier et le pluriel.
Sing. Aie.
Plur. Ayons
      Ayez.

SUBJONCTIF.

PRÉSENT *ou* FUTUR.

Que j'aie
Que tu aies
Qu'il *ou* qu'elle ait.
Que nous ayons
Que vous ayez
Qu'ils *ou* qu'elles aient.

IMPARFAIT.

Que j'eusse
Que tu eusses
Qu'il *ou* qu'elle eût.
Que nous eussions
Que vous eussiez
Qu'ils *ou* qu'elles eussent.

PASSÉ.

Que j'aie eu
Que tu aies eu
Qu'il *ou* qu'elle ait eu.
Que nous ayons eu
Que vous ayez eu
Qu'ils *ou* qu'elles aient eu.

PLUS-QUE-PARFAIT.

Que j'eusse eu
Que tu eusses eu
Qu'il *ou* qu'elle eût eu.
Que nous eussions eu
Que vous eussiez eu
Qu'ils *ou* qu'elles eussent eu

INFINITIF.

PRÉSENT.

Avoir.

PASSÉ.

Avoir eu.

PARTICIPE.

PRÉSENT.

Ayant.

PARTICIPE PASSÉ.

Eu, eue, ayant eu.

VERBE AUXILIAIRE ÊTRE.

INDICATIF.

PRÉSENT.

Singulier.
Je suis
Tu es
Il *ou* elle est.

Pluriel.
Nous sommes
Vous êtes
Ils *ou* elles sont.

IMPARFAIT.

J'étais.
Tu étais
Il *ou* elle était.
Nous étions
Vous étiez
Ils *ou* elles étaient.

PASSÉ DÉFINI.

Je fus
Tu fus
Il *ou* elle fut.

Nous fûmes
Vous fûtes
Ils *ou* elles furent.

PASSÉ INDÉFINI.

J'ai été
Tu as été
Il *ou* elle a été.
Nous avons été
Vous avez été
Ils *ou* elles ont été.

PASSÉ ANTÉRIEUR.

J'eus été
Tu eus été
Il *ou* elle eut été.
Nous eûmes été
Vous eûtes été
Ils *ou* elles eurent été.

PLUS-QUE-PARFAIT.

J'avais été
Tu avais été
Il *ou* elle avait été.
Nous avions été
Vous aviez été
Ils *ou* elles avaient été.

FUTUR SIMPLE.

Je serai
Tu seras
Il *ou* elle sera.
Nous serons
Vous serez
Ils *ou* elles seront.

FUTUR ANTÉRIEUR.

J'aurai été
Tu auras été
Il *ou* elle aura été.
Nous aurons été
Vous aurez été
Ils *ou* elles auront été.

CONDITIONNEL.

PRÉSENT.

Je serais
Tu serais
Il *ou* elle serait.
Nous serions
Vous seriez
Ils *ou* elles seraient.

PASSÉ.

J'aurais été
Tu aurais été
Il *ou* elle aurait été.
Nous aurions été
Vous auriez été
Ils *ou* elles auraient été.

On dit aussi : *J'eusse été, tu eusses été, il eût été; nous eussions été, vous eussiez été, ils eussent été.*

IMPÉRATIF.

Point de 1ʳᵉ personne du singulier, ni de 3ᵉ pour le sin-gulier et le pluriel.
Sing. Sois.
Plur. Soyons
Soyez.

SUBJONCTIF.

PRÉSENT *ou* FUTUR.

Que je sois
Que tu sois
Qu'il *ou* qu'elle soit.
Que nous soyons
Que vous soyez
Qu'ils *ou* qu'elles soient.

IMPARFAIT.

Que je fusse
Que tu fusses
Qu'il *ou* qu'elle fût.
Que nous fussions
Que vous fussiez
Qu'ils *ou* qu'elles fussent.

PASSÉ.

Que j'aie été
Que tu aies été
Qu'il *ou* qu'elle ait été.
Que nous ayons été
Que vous ayez été
Qu'ils *ou* qu'elles aient été.

PLUS-QUE-PARFAIT.

Que j'eusse été
Que tu eusses été
Qu'il *ou* qu'elle eût été.
Que nous eussions été
Que vous eussiez été
Qu'ils *ou* qu'elles eussent été.

INFINITIF.

PRÉSENT.

Être.

PASSÉ.

Avoir été.

PARTICIPE.

PRÉSENT.

Étant.

PARTICIPE PASSÉ.

Été.
Ayant été.

PREMIÈRE CONJUGAISON EN **ER** (AIMER).

INDICATIF.

PRÉSENT.

Singulier.

J'aim (radical) *e* (terminaison)
Tu aim *es*
Il *ou* elle aim *e.*

Pluriel.

Nous aim *ons*
Vous aim *ez*
Ils *ou* elles aim *ent.*

IMPARFAIT.

J'aim *ais*
Tu aim *ais*
Il *ou* elle aim *ait.*
Nous aim *ions*
Vous aim *iez*
Ils *ou* elles aim *aient.*

PASSÉ DÉFINI.

J'aim *ai*
Tu aim *as*
Il *ou* elle aim *a.*
Nous aim *âmes*
Vous aim *âtes*
Ils *ou* elles aim *èrent.*

PASSÉ INDÉFINI.

J'ai aim *é*
Tu as aim *é*
Il *ou* elle a aim *é.*
Nous avons aim *é*
Vous avez aim *é*
Ils *ou* elles ont aim *é.*

PASSÉ ANTÉRIEUR.

J'eus aim *é*
Tu eus aim *é*
Il *ou* elle eut aim *é.*
Nous eûmes aim *é*
Vous eûtes aim *é*
Ils *ou* elles eurent aim *é.*

PLUS-QUE-PARFAIT.

J'avais aim *é*
Tu avais aim *é*
Il *ou* elle avait aim *é.*
Nous avions aim *é*
Vous aviez aim *é*
Ils *ou* elles avaient aim *é.*

FUTUR SIMPLE.

J'aim *erai*
Tu aime *eras*
Il *ou* elle aim *era.*

Nous aim *erons*
Vous aim *erez*
Ils *ou* elles aim *eront.*

FUTUR ANTÉRIEUR.

J'aurai aim *é*
Tu auras aim *é*
Il *ou* elle aura aim *é.*
Nous aurons aim *é*
Vous aurez aim *é*
Ils *ou* elles auront aim *é.*

CONDITIONNEL.

PRÉSENT.

J'aim *erais*
Tu aim *erais*
Il *ou* elle aim *erait.*
Nous aim *erions*
Vous aim *eriez*
Ils *ou* elles aim *eraient.*

PASSÉ.

J'aurais aim *é*
Tu aurais aim *é*
Il *ou* elle aurait aim *é.*
Nous aurions aim *é*
Vous auriez aim *é*
Ils *ou* elles auraient aim *é.*

On dit aussi : *J'eusse aimé, tu eusses aimé, il eût aimé; nous eussions aimé, vous eussiez aimé, ils eussent aimé.*

IMPÉRATIF.

Point de 1re personne du sin-gulier, ni de 3e pour le singulier et le pluriel.

Sing. Aim *e.*
Plur. Aim *ons*
    Aim *ez.*

SUBJONCTIF.

PRÉSENT *ou* FUTUR.

Que j'aim *e*
Que tu aim *es*
Qu'il *ou* qu'elle aim *e.*
Que nous aim *ions*
Que vous aim *iez*
Qu'ils *ou* qu'elles aim *ent.*

IMPARFAIT.

Que j'aim *asse*
Que tu aim *asses*
Qu'il *ou* qu'elle aim *ât.*
Que nous aim *assions*
Que vous aim *assiez*
Qu'ils *ou* qu'elles aim *assent.*

PASSÉ.

Que j'aie aim *é*
Que tu aies aim *é*
Qu'il *ou* qu'elle ait aim *é.*
Que nous ayons aim *é*
Que vous ayez aim *é*
Qu'ils *ou* qu'elles aient aim *é.*

PLUS-QUE-PARFAIT.

Que j'eusse aim *é*
Que tu eusses aim *é*
Qu'il *ou* qu'elle eût aim *é.*
Que nous eussions aim *é*
Que vous eussie aim *é*
Qu'ils *ou* qu'elles eussent aim *é.*

INFINITIF.

PRÉSENT.

Aim *er.*

PASSÉ.

Avoir aim *é.*

PARTICIPE.

PRÉSENT.

Aim *ant.*

PARTICIPE PASSÉ.

Aim *é,* aim *ée,* ayant aim *é.*

DEUXIÈME CONJUGAISON EN **IR** (FINIR.)

INDICATIF.

PRÉSENT.

Singulier.

Je fin (radical) *is* (terminaison)
Tu fin *is*
Il *ou* elle fin *it*.

Pluriel.

Nous fin *issons*
Vous fin *issez*
Ils *ou* elles fin *issent*.

IMPARFAIT.

Je fin *issais*
Tu fin *issais*
Il *ou* elle fin *issait*.
Nous fin *issions*
Vous fin *issiez*
Ils *ou* elles fin *issaient*.

PASSÉ DÉFINI.

Je fin *is*
Tu fin *is*
Il *ou* elle fin *it*.
Nous fin *îmes*
Vous fin *îtes*
Ils *ou* elles fin *irent*.

PASSÉ INDÉFINI.

J'ai fin *i*
Tu as fin *i*
Il *ou* elle a fin *i*.
Nous avons fin *i*
Vous avez fin *i*
Ils *ou* elles ont fin *i*.

PASSÉ ANTÉRIEUR.

J'eus fin *i*
Tu eus fin *i*
Il *ou* elle eut fin *i*.
Nous eûmes fin *i*
Vous eûtes fin *i*
Ils *ou* elles eurent fin *i*.

PLUS-QUE-PARFAIT.

J'avais fin *i*
Tu avais fin *i*
Il *ou* elle avait fin *i*.
Nous avions fin *i*
Vous aviez fin *i*
Ils *ou* elles avaient fin *i*.

FUTUR.

Je fin *irai*
Tu fin *iras*
Il *ou* elle fin *ira*.
Nous fin *irons*
Vous fin *irez*
Ils *ou* elles fin *iront*.

FUTUR ANTÉRIEUR.

J'aurai fin *i*
Tu auras fin *i*
Il *ou* elle aura fin *i*.
Nous aurons fin *i*
Vous aurez fin *i*
Ils *ou* elles auront fin *i*

CONDITIONNEL.

PRÉSENT.

Je fin *irais*
Tu fin *irais*
Il *ou* elle fin *irait*.
Nous fin *irions*
Vous fin *iriez*
Ils *ou* elles fin *iraient*.

PASSÉ.

J'aurais fin *i*
Tu aurais fin *i*
Il *ou* elle aurait fin *i*.
Nous aurions fin *i*
Vous auriez fin *i*
Ils *ou* elles auraient fin *i*.

On dit aussi : *J'eusse fini, tu eusses fini, il eût fini ; nous eussions fini, vous eussiez fini, ils eussent fini.*

IMPÉRATIF.

Point de 1re *personne du singulier, ni de* 3e *pour le singulier et le pluriel.*
Sing. Fin *is.*
Plur. Fin *issons*
    Fin *issez.*

SUBJONCTIF.

PRÉSENT *ou* FUTUR.

Que je fin *isse*
Que tu fin *isses*
Qu'il *ou* qu'elle fin *isse.*
Que nous fin *issions*
Que vous fin *issiez*
Qu'ils *ou* qu'elles fin *issent.*

IMPARFAIT.

Que je fin *isse*
Que tu fin *isses*
Qu'il *ou* qu'elle fin *ît.*
Que nous fin *issions*
Que vous fin *issiez*
Qu'ils *ou* qu'elles fin *issent.*

PASSÉ.

Que j'aie fin *i*
Que tu aies fin *i*
Qu'il *ou* qu'elle ait fin *i.*
Que nous ayons fin *i*
Que vous ayez fin *i*
Qu'ils *ou* qu'elles aient fin *i.*

PLUS-QUE-PARFAIT.

Que j'eusse fin *i*
Que tu eusses fin *i*
Qu'il *ou* qu'elle eût fin *i.*
Que nous eussions fin *i*
Que vous eussiez fin *i*
Qu'ils *ou* qu'elles eussent fin *i.*

INFINITIF.

PRÉSENT.

Fin *ir.*

PASSÉ.

Avoir fin *i.*

PARTICIPE.

PRÉSENT.

Fin *issant.*

PARTICIPE PASSÉ.

Fin *i,* fin *ie,* ayant fin *i.*

TROISIÈME CONJUGAISON EN **OIR** (RECEVOIR).

INDICATIF.

PRÉSENT.

Singulier.

Je reç (radical) *ois* (terminaison)
Tu reç *ois*
Il *ou* elle reç *oit.*

Pluriel.

Nous rec *evons*
Vous rec *evez*
Ils *ou* elles reç *oivent.*

IMPARFAIT.

Je rec *evais*
Tu rec *evais*
Il *ou* elle rec *evait.*
Nous rec *evions*
Vous rec *eviez*
Ils *ou* elles rec *evaient.*

PASSÉ DÉFINI.

Je reç *us*
Tu reç *us*
Il *ou* elle reç *ut.*

Nous reç *ûmes*
Vous re *çûtes*
Ils *ou* elles reç *urent.*

PASSÉ INDÉFINI.

J'ai reç *u*
Tu as reç *u*
Il *ou* elle a reç *u.*
Nous avons reç *u*
Vous avez reç *u*
Ils *ou* elles ont reç *u.*

PASSÉ ANTÉRIEUR.

J'eus reç *u*
Tu eus reç *u*
Il *ou* elle eut reç *u.*
Nous eûmes reç *u*
Vous eûtes reç *u*
Ils *ou* elles eurent reç *u.*

PLUS-QUE-PARFAIT.

J'avais reç *u*
Tu avais reç *u*
Il *ou* elle avait reç *u.*
Nous avions reç *u*
Vous aviez reç *u*
Ils *ou* elles avaient reç *u.*

FUTUR SIMPLE.

Je rec *evrai*
Tu rec *evras*
Il *ou* elle rec *evra.*
Nous rec *evrons*
Vous rec *evrez*
Ils *ou* elles rec *evront.*

FUTUR ANTÉRIEUR.

J'aurai reç *u*
Tu auras reç *u*
Il *ou* elle aura reç *u.*
Nous aurons reç *u*
Vous aurez reç *u*
Ils *ou* elles auront reç *u.*

CONDITIONNEL.

PRÉSENT.

Je rec *evrais*
Tu rec *evrais*
Il *ou* elle rec *evrait.*
Nous rec *evrions*
Vous rec *evriez*
Ils *ou* elles rec *evraient.*

PASSÉ.

J'aurais reç *u*
Tu aurais reç *u*
Il *ou* elle aurait reç *u.*
Nous aurions reç *u*
Vous auriez reç *u*
Ils *ou* elles auraient reç *u.*

On dit aussi : *J'eusse reçu, tu eusses reçu, il eût reçu; nous eussions reçu, vous eussiez reçu, ils eussent reçu.*

IMPÉRATIF.

Reç *ois.*
Rec *evons*
Rec *evez.*

SUBJONCTIF.

PRÉSENT *ou* FUTUR.

Que je reç *oive*
Que tu reç *oives*
Qu'il *ou* qu'elle reç *oive.*
Que nous rec *evions*
Que vous rec *eviez*
Qu'ils *ou* qu'elles reç *oivent.*

IMPARFAIT.

Que je reç *usse*
Que tu reç *usses*
Qu'il *ou* qu'elle reç *ût.*
Que nous reç *ussions*
Que vous reç *ussiez*
Qu'ils *ou* qu'elles reç *ussent.*

PASSÉ.

Que j'aie reç *u*
Que tu aies reç *u*
Qu'il *ou* qu'elle ait reç *u.*

Que nous ayons reç *u*
Que vous ayez reç *u*
Qu'ils *ou* qu'elles aient reç *u*.

PLUS-QUE-PARFAIT.

Que j'eusse reç *u*
Que tu eusses reç *u*
Qu'il *ou* qu'elle eût reçu.
Que nous eussions reç *u*
Que vous eussiez reç *u*
Qu'ils *ou* qu'elles eussent reç *u*.

INFINITIF.

PRÉSENT.

Rec *evoir*.

PASSÉ.

Avoir reç *u*.

PARTICIPE.

PRÉSENT.

Recev *ant*.

PARTICIPE PASSÉ.

Reç *u*, reç *ue*, ayant reç *u*.

QUATRIÈME CONJUGAISON, EN **RE** (RENDRE).

INDICATIF.

PRÉSENT.

Singulier.

Je rend *s*
Tu rend *s*
Il *ou* elle rend.

Pluriel.

Nous rend *ons*
Vous rend *ez*
Ils *ou* elles rend *ent*.

IMPARFAIT.

Je rend *ais*
Tu rend *ais*
Il *ou* elle rend *ait*.
Nous rend *ions*
Vous rend *iez*
Ils *ou* elles rend *aient*.

PASSÉ DÉFINI.

Je rend *is*
Tu rend *is*
Il *ou* elle rend *it*.
Nous rend *îmes*
Vous rend *îtes*
Ils *ou* elles rend *irent*.

PASSÉ INDÉFINI.

J'ai rend *u*
Tu as rend *u*
Il *ou* elle a rend *u*.
Nous avons rend *u*
Vous avez rend *u*
Ils *ou* elles ont rend *u*.

PASSÉ ANTÉRIEUR.

J'eus rend *u*
Tu eus rend *u*
Il eut *ou* elle eut rend *u*.
Nous eûmes rend *u*
Vous eûtes rend *u*
Ils *ou* elles eurent rend *u*.

PLUS-QUE-PARFAIT.

J'avais rend *u*
Tu avais rend *u*
Il *ou* elle avait rend *u*.
Nous avions rend *u*
Vous aviez rend *u*
Ils *ou* elles avaient rend *u*.

FUTUR SIMPLE.

Je rend *rai*
Tu rend *ras*
Il *ou* elle rend *ra*.

Nous rend *rons*
Vous rend *rez*
Ils *ou* elles rend *ront*.

FUTUR ANTÉRIEUR.

J'aurais rend *u*
Tu auras rend *u*
Il *ou* elle aura rend *u*.
Nous aurons rend *u*
Vous aurez rend *u*
Ils *ou* elles auront rend *u*.

CONDITIONNEL.

PRÉSENT.

Je rend *rais*
Tu rend *rais*
Il *ou* elle rend *rait*.
Nous rend *rions*
Vous rend *riez*
Ils *ou* elles rend *raient*.

PASSÉ.

J'aurais rend *u*
Tu aurais rend *u*
Il *ou* elle aurait rend *u*.
Nous aurions rend *u*
Vous auriez rend *u*
Ils *ou* elles auraient rend *u*.

On dit aussi : *J'eusse rendu,
tu eusses rendu, il eût rendu;
Nous eussions rendu, vous eussiez
rendu, ils eussent rendu.*

IMPÉRATIF.

Rend *s*.
Rend *ons*
Rend *ez*.

SUBJONCTIF.

PRÉSENT *ou* FUTUR.

Que je rend *e*
Que tu rend *es*
Qu'il *ou* qu'elle rend *e*.

Que nous rend *ions*
Que vous rend *iez*
Qu'ils *ou* qu'elles rend *ent*.

IMPARFAIT.

Que je rend *isse*
Que tu rend *isses*
Qu'il *ou* qu'elle rend *ît*.
Que nous rend *issions*
Que vous rend *issiez*
Qu'ils *ou* qu'elles rend *issent*.

PASSÉ.

Que j'aie rend *u*
Que tu aies rend *u*
Qu'il *ou* qu'elle ait rend *u*.
Que nous ayons rend *u*
Que vous ayez rend *u*
Qu'ils *ou* qu'elles aient rend *u*.

PLUS-QUE-PARFAIT.

Que j'eusse rend *u*
Que tu eusses rend *u*
Qu'il *ou* qu'elle eût rend *u*.
Que nous eussions rend *u*
Que vous eussiez rend *u*
Qu'ils *ou* qu'elles eussent rend *u*.

INFINITIF.

PRÉSENT.

Rend *re*.

PASSÉ.

Avoir rend *u*.

PARTICIPE.

PRÉSENT.

Rend *ant*.

PARTICIPE PASSÉ.

Rend *u*, rend *ue*, ayant rend *u*.

REMARQUES SUR LA 1re CONJUGAISON (*Aimer*).

I. Les verbes terminés à l'infinitif par *ger* prennent toujours pour l'euphonie *e* devant les voyelles *a*, *o*. *Je* **chan-geai**; *nous* **changeons.** C'est ce qu'on appelle l'*e* euphonique.

II. Les verbes terminés par *cer* prennent une cédille sous le *c* devant les voyelles *a*, *o* : *j'*exerçais, *nous* **exerçons.**

III. Les verbes terminés en *er*, qui ont la syllabe finale de l'infinitif précédée d'un *é* fermé, le changent en *è* ouvert devant une syllabe muette : *céder, je* **cède**, *ils* **cèdent.**

Excepté les verbes terminés en *éger* qui conservent l'accent aigu : assiéger *fait j'*assiége, *tu* assiéges, *il* assiége.

IV. Les verbes terminés en *er*, qui ont la finale de l'infinitif précédée d'un *e* muet, le changent en *è* ouvert devant une syllabe muette : *peser, je* **pèse**, *ils* **pèsent**; *ramener, tu* **ramènes.**

V. Les verbes terminés par *eler, eter* doublent *l* et *t* devant l'*e* muet : *Appeler, jeter; j'appelle, je jette, je jetterai, j'appellerai.*

Excepté les verbes *acheter, bourreler, celer, crocheter, décolleter, écarteler, étiqueter, geler, haleter, harceler, marteler, modeler, peler.*

La Fontaine a pourtant écrit :

Un avorton de mouche en cent lieux le *harcelle.*

C'est qu'en poésie les consonnes *l* et *t*, même dans ces derniers verbes, se redoublent fréquemment.

VI. Les verbes en *ier*, dont le radical est terminé par un *i* au participe présent redoublent l'*i* à la 1re et à la 2e personne du pluriel de l'imparfait de l'indicatif et du présent du subjonctif : *apprécier, nous* **appréciions**, *vous* **appréciiez**; *que nous* **appréciions**, *que vous* **appréciiez.** Il en est ainsi pour les verbes *prier, oublier, plier*, etc.

VII. Les verbes terminés en *ayer* comme *payer, effrayer, ennuyer*, etc., changent l'*y* en *i* devant un *e* muet. *Effrayer, j'effraie, ils effraient.* A la 1re et à la 2e personne du pluriel de l'imparfait de l'indicatif et du présent du subjonctif, l'*y* est suivi d'un *i* : *nous* **effrayions**, *vous* **effrayiez** ; *que nous* **effrayions**, *que vous* **effrayiez**.

VIII. Les verbes terminés en *éer* prennent deux *e* de suite dans toute la conjugaison, excepté devant les voyelles *a, o, i. Créer* fera *je créerai et je créais ;* au participe passé féminin il prend trois *e*, **créée.**

REMARQUES SUR LA 2ᵉ CONJUGAISON (*Finir*).

I. Le verbe **bénir** a deux participes passés : **bénit, bénite,** pour les personnes ou les choses consacrées religieusement ; beni, bénie, dans tout autre sens.

Les tombeaux où reposaient leurs cendres *bénites.* (Bossuet.)
Ainsi ce germe *béni* devint aussi le germe et le rejeton d'Abraham. (Bossuet.)

II. *Fleurir* a deux formes d'imparfait et de participe présent. *Cet arbre fleurissait au printemps.*

Durant tout ce temps, la philosophie **florissait** dans la Grèce. (Bossuet.)

III. *Haïr* perd le tréma de l'infinitif aux trois personnes du singulier de l'indicatif et à la 2ᵉ personne du singulier de l'impératif : *je hais, tu hais, il hait.*

IV. La 3ᵉ personne du pluriel du subjonctif présent des verbes *finir, punir,* etc., ne se distingue pas, pour l'orthographe, de la 3ᵉ personne du pluriel de l'imparfait du subjonctif : *qu'ils finissent ; qu'ils punissent.*

REMARQUES SUR LA 3ᵉ CONJUGAISON (*Recevoir*).

Les verbes terminés en *oir* sont généralement irréguliers. Seuls les verbes en *evoir* se conjuguent sur *recevoir.*
Au masculin singulier du participe passé, les verbes *devoir, mouvoir,* prennent un accent circonflexe : **dû, mû.**

REMARQUES SUR LA 4ᵉ CONJUGAISON (*Rendre*).

Dans les verbes terminés en *dre*, comme *craindre, résou-*

dre, feindre, joindre, le *d* du radical se change en *s* aux deux premières personnes du singulier de l'indicatif et à là 2⁰ de l'impératif. *je résous, tu résous, je crains, tu crains : crains Dieu.* Il prennent *t* à la 3ᵉ personne du singulier de l'indicatif : *il résout, il craint, il feint, il joint.*

FORMATION DES TEMPS.

Combien y a-t-il d'espèces de temps dans les verbes?

187. Il y en a deux espèces : les temps *primitifs* et les temps *dérivés*.

Qu'appelle-t-on temps primitifs, et combien y en a-t-il?

188. Les temps **primitifs** sont ceux qui servent à former tous les autres. Il y en a cinq : l'*infinitif présent*, le *participe présent*, le *participe passé*, l'*indicatif présent*, le *passé défini*.

Qu'appelle-t-on temps dérivés?

189. On appelle temps **dérivés** ceux qui sont formés des temps primitifs.

Quels sont les temps que forme l'infinitif présent?

190. L'infinitif présent forme deux temps : 1⁰ le *futur simple* ou *absolu* par le changement de *r*, *oir* ou *re* en *rai* : aime-r, j'aime-rai; recev-oir, je recev-rai; etc.; 2⁰ le *conditionnel présent*, par le changement de *r*, *re* ou *oir* en *rais* : fini-r, je fini-rais; rend-re, je rend-rais.

Quels sont les temps que forme le participe présent?

191. Le participe présent forme trois temps : 1⁰ les trois personnes du pluriel de l'indicatif présent par le changement de *ant* en *ons, ez, ent :* aim-ant, nous aim-ons, vous aim-ez, ils aim-ent. 2⁰ L'imparfait de l'indicatif par le changement de *ant* en *ais :* recevant, je recev-ais, rend-ant, je rend-ais, etc. 3⁰ Le *subjonctif présent* par le changement de *ant* en *e* muet : finiss-ant, que je finiss-e, que tu finiss-es, etc.

Remarque. Le participe présent des verbes en *oir* change *evant* en *oivent* à la 3e personne du pluriel de l'indicatif présent : *percevant* fait *ils perçoivent; recev-ant, ils reçoivent.*

Remarque. Aux trois personnes du singulier et à la 3e personne du pluriel du subjonctif présent les verbes en *oir* changent *evant* en *oive* et *oivent : que je reçoive, que tu reçoives, qu'il reçoive, qu'ils reçoivent.*

Quels sont les temps que forme le participe passé ?

192. Le participe passé forme avec les auxiliaires *être* et *avoir* tous les *temps composés : j'ai aimé,* je *suis aimé;* j'*avais aimé,* tu *étais aimé,* etc.

Quel est le temps que forme l'indicatif présent?

193. L'indicatif présent forme l'*impératif* en supprimant le pronom sujet et l'*s* final dans les verbes de la première conjugaison : tu *aimes* fera *aime* (2e personne); tu *finis, finis;* nous *aimons, aimons;* vous *aimez, aimez.*

Quel est le temps que forme le passé défini ?

194. Le passé défini forme un temps : l'*imparfait du subjonctif* en ajoutant *se* à la 2e personne du singulier : tu aimas, que j'aimas-se; tu dormis, que je dormis-se.

VERBES RÉGULIERS ET IRRÉGULIERS.

Qu'est-ce qu'un verbe régulier ?

195. Le verbe *régulier* est celui dont les *temps dérivés* se forment régulièrement des *temps primitifs.*

Qu'est-ce qu'un verbe irrégulier?

196. Le verbe *irrégulier* est celui qui ne suit pas en tout les règles de la formation des temps.

Qu'est-ce qu'un verbe défectif?

197. Un verbe *défectif* est celui auquel il manque

certains temps ou certaines personnes que l'usage n'admet pas.

Remarque. Quelque irrégulier que soit un temps, les irrégularités n'existent que dans les temps simples.

Citez les verbes irréguliers et défectifs de la première conjugaison ?

198. *Aller.* — Je vais ou je vas, tu vas, il va ; nous allons, vous allez, ils vont. J'allais. Je suis allé. J'allai, tu allas, il alla. J'irai. J'irais. Va. Que j'aille. Que j'allasse. Allant. Allé. L'expression *je vas* ne s'emploie que rarement et dans le langage familier. On dit quelquefois, je fus, j'ai été, j'avais été, j'aurais été, pour j'allai, je suis allé, j'étais allé, je serais allé.

Envoyer. — J'envoie, tu envoies, il envoie ; nous envoyons, vous envoyez, ils envoient. J'envoyais ; nous envoyions, vous envoyiez. J'enverrai, j'enverrais. Que j'envoie, que vous envoyiez.

Citez les verbes irréguliers et défectifs de la deuxième conjugaison ?

199. Acquérir. — J'acquiers, tu acquiers, il acquiert ; nous acquérons, vous acquérez, ils acquièrent. J'acquérais. J'ai acquis. J'acquis. J'acquerrai. J'acquerrais. Acquiers. Que j'acquière. Que j'acquisse. Acquérant.

Assaillir. — J'assaille, tu assailles, il assaille ; nous assaillons, vous assaillez, ils assaillent. J'assaillais. J'assaillis. J'assaillirai. J'assaillirais. Que j'assaille. Que j'assaillisse. Assaillant. Assailli, assaillie.

Bouillir. — Je bous, tu bous, il bout ; nous bouillons, vous bouillez, ils bouillent. Je bouillais. Je bouillis. Je bouillirai. Je bouillirais. Bous. Qu'il bouille. Que je bouille. Que je bouillisse. Bouillant. Bouilli, bouillie.

COURIR. — Je cours, tu cours, il court; nous courons, vous courez, ils courent. Je courais. Je courus. J'ai couru. Je courrai. Je courrais. Cours. Que je coure. Que je courusse. Courant. Couru, courue.

CUEILLIR. — Je cueille, tu cueilles, il cueille; nous cueillons. Je cueillais. Je cueillis. Je cueillerai. Je cueillerais. Que je cueille. Que je cueillisse. Cueillant. Cueilli, cueillie.

DORMIR. — Je dors, tu dors, il dort; nous dormons. Je dormais. Je dormis, J'ai dormi. Je dormirai. Dors. Que je dorme. Que je dormisse. Dormant. Dormi (invariable). On dit *endormie.*

FAILLIR. — Je faux, tu faux, il faut; nous faillons, vous faillez, ils faillent. Je faillais. Je faillis. Je faudrai. Faillant. Failli. (Plusieurs de ces temps sont peu usités.)

FUIR. — Je fuis, tu fuis, il fuit; nous fuyons, vous fuyez, ils fuient. Je fuyais, nous fuyions. Je fuis, nous fuîmes. J'ai fui. Je fuirai. Je fuirais. Fuis. Qu'il fuie. Que je fuisse. Fuyant, fui, fuie, *enfuie.*

GÉSIR (vieux mot). — Ci-gît. Gisant. Il gît, nous gisons; je gisais.

MOURIR. — Je meurs, tu meurs, il meurt; nous mourons, vous mourez, ils meurent. Je mourais. Je mourus. Je mourrai. Je mourrais. Meurs. Que je meure, que je mourusse. Mourant, mort, morte.

OUÏR. — Ce verbe ne s'emploie guère qu'à l'infinitif et au participe passé *ouï,* conjugué avec *avoir. Parties ouïes, terme de procédure qui signifie les parties entendues.*

Tenir. — Je tiens, tu tiens, il tient; nous tenons, vous tenez, ils tiennent. Je tenais. Je tins. J'ai tenu. Je tiendrai. Je tiendrais. Tiens, tenez. Que je tienne. Que je tinsse. Tenant. Tenu, tenue.

Citez les verbes irréguliers et défectifs de la troisième conjugaison ?

200. Asseoir. — J'assieds, tu assieds, il assied; nous asseyons, vous asseyez, ils asseyent. J'asseyais. J'assis. J'assiérai ou j'asseyerai. J'assiérais ou j'asseyerais. Assieds, asseyez. Que j'asseye. Que j'assisse. Asseyant. *Quelquefois aussi on conjugue ce verbe de la manière suivante :* J'assois, tu assois, il assoit; nous asseyons, vous asseyez, ils assoient. J'asseyais. J'assoirai. J'assoirais. Assois, assoyez. Que j'assoie. Asseyant, assis, assise.

Choir. — Usité à l'impératif et au participe passé *chu, chue.*

Déchoir. — Je déchois, tu déchois, il déchoit; nous déchoyons, vous déchoyez, ils déchoient. Je déchus. Je décherrai. Je décherrais. Que je déchoie, que tu déchoies. Que je déchusse. Déchu, déchue. *Se conjugue avec* être *ou* avoir.

Échoir. — Il échoit (3e *personne seule usitée*). Il échet. J'échus. J'écherrai. J'écherrais. Que j'échusse. Échéant. Échu, échue. Le cas *échéant.* S'il y *échet.* Billet *échu.*

Falloir. — Ce verbe est impersonnel. Il faut. Il fallait. Il fallut. Il faudra. Il faudrait. Qu'il faille. Qu'il fallût. Fallu. *Peu s'en est fallu* (Invariable).

Pouvoir. — Je puis ou je peux, tu peux, il peut; nous pouvons, vous pouvez, ils peuvent. Je pouvais. Je pus, tu pus, il put; nous pûmes, vous pûtes, ils purent. J'ai pu. Je pourrai. Je pourrais. Que je puisse. Que je pusse. Que j'eusse pu. Pouvant. *On dit : puis-je* vous être utile, et non *peux-je* vous être utile?

Seoir (être assis). — Séant. Sis.

Seoir (être convenable). — Ne s'emploie qu'à la 3ᵉ personne du singulier ou du pluriel. Il sied, ils siéent. Il seyait. Il siéra. Il siérait.

Surseoir. — Je sursois, tu sursois, il sursoit; nous sursoyons, vous sursoyez, ils sursoient. Je sursoyais. Je sursis. Je surseoirai. Je surseoirais. Que je sursisse. Sursoyant. Sursis, sursise. Accorder un *sursis* (délai).

Citez les verbes irréguliers et défectifs de la quatrième conjugaison?

201. Absoudre. — J'absous, tu absous, il absout; nous absolvons, vous absolvez, ils absolvent. J'absolvais. J'ai absous. J'absoudrai. J'absoudrais. Absous. Qu'il absolve. Absolvant, absous, absoute.

Boire. — Je bois, tu bois, il boit; nous buvons, vous buvez, ils boivent. Je buvais. Je bus. Je boirai. Je boirais. Bois. Que je boive. Que je busse. Buvant. Bu, bue.

Braire. — Il brait, ils braient. Il braira. Il brairait.

Bruire. — Il bruit, ils bruissent. Il bruyait, ils bruyaient. *Bruyant ne s'emploie que comme adjectif.*

Clore. — Je clos, tu clos, il clôt. *Le pluriel n'existe pas.* Je clorai. Je clorais. Clos, participe passé clos, close. *Portes closes.*

Éclore. — *Même conjugaison.* 3ᵉ pers. pluriel, *ils éclosent.*

Frire. — Je fris, tu fris, il frit. *Pas de pluriel.* Je frirai. Je frirais. Frit, frite.

LUIRE et RELUIRE. — *Manquent de passé défini, d'impératif et d'imparfait du subjonctif.*

MOUDRE. — Je mouds, tu mouds, il moud; nous moulons, vous moulez, ils moulent. Je moulais. Je moulus. Je moudrai. Que je moule. Que je moulusse. Moulant, moulue.

PAÎTRE. — *Il n'a point de passé défini. Repaître* fait e repus, repu, repue. Les verbes traire, extraire, abstraire, attraire, distraire, retraire, etc., manquent aussi de passé défini et d'imparfait du subjonctif.

POINDRE. — Le jour *point.* Il *poindra.*

VAINCRE. — Je vaincs, tu vaincs, il vainc; nous vainquons, vous vainquez, ils vainquent. Je vainquais. Je vainquis. Je vaincrai. Je vaincrais. Que je vainque. Que je vainquisse. Vaincu, vaincue.

DIFFÉRENTES SORTES DE VERBES.

Combien y a-t-il de sortes de verbes?

202. — Il y a cinq sortes de verbes : le verbe *actif* ou *transitif*, le verbe *passif*, le verbe *neutre* ou *intransitif*, le verbe *réfléchi* ou *pronominal*, le verbe *impersonnel*.

Qu'est-ce que le verbe actif ou transitif?

203. — Le verbe *actif* est celui dont le sujet *fait* l'action. Ainsi j'*aime*, j'*honore*, je *délie*, sont autant de verbes qui marquent une action faite par le sujet *je*.

Que signifie le mot transitif?

204. — Il signifie que si, le verbe étant *actif*, l'action passe (*transit*) du sujet qui la fait à la personne ou à l'objet qui sert de complément direct, ce verbe est à la fois *actif* et *transitif*. Ex. : j'aime = Dieu. Je prends = une leçon. Ici l'action passe du sujet *je* à

Dieu et à *leçon* qui sont les *compléments directs* des verbes *aimer* et *prendre*.

A quels verbes, dans l'usage, donne-t-on le nom de verbes actifs?

205. Dans l'usage, on ne donne le nom d'*actif* qu'aux verbes qui expriment une action susceptible de passer, sans le secours d'aucun mot intermédiaire, du sujet à l'objet, et qui peuvent recevoir la forme passive.

Expliquez ce qui précède par deux exemples?

206. Ainsi je *marche* est bien un verbe actif, en ce sens que le sujet *je* fait *l'action* exprimée par le verbe; mais comme l'action ne peut *passer* du sujet à l'objet sans le secours d'un mot intermédiaire, ce verbe est dit *neutre* ou *intransitif.*

Au contraire, si je dis : j'*aime Dieu*, c'est moi qui aime Dieu, qui fais l'action d'*aimer;* cette action sort du sujet et *passe* immédiatement à Dieu; le verbe *aimer* est donc à la fois *actif* et *transitif.*

Comment reconnaît-on qu'un verbe est actif ou transitif?

207. — On reconnaît qu'un verbe est actif ou transitif quand on peut mettre immédiatement après lui *quelqu'un* ou *quelque chose.* J'aime *Dieu.* J'aime qui? Dieu. *Je prends une leçon.* Je prends quoi? une leçon.

Qu'est-ce que le verbe passif?

208. — Le verbe *passif* est celui qui marque une action non plus *faite*, mais *reçue, soufferte* par le sujet. Ex. : Cet enfant *est aimé;* il *est aimé de ses* parents.

Comment se marque le complément des verbes passifs?

209. — Le complément des verbes passifs se marque en français par la préposition *par* ou par la préposition *de*. *Darius fut vaincu* **par** *Alexandre. Il est estimé* **de** *tous ses amis.*

Comment se forme en français le verbe passif?

210. — Il se forme du participe passé du verbe actif (qui se prend au sens passif), joint au verbe auxiliaire *être :* je *suis* aimé ou aimée, j'*étais* aimé ou aimée, je *fus* aimé, j'*ai été* aimé, etc.

Remarque. I. Le verbe passif se conjugue comme le verbe *être*.

II. La différence qui existe entre le verbe *actif* et le verbe *passif* sert à résoudre, comme on le verra plus loin, certaines difficultés qui se rattachent au participe passé.

Qu'est-ce que le verbe neutre ou intransitif?

211. — Le verbe *neutre* est celui qui exprime un simple état absolu, comme *languir, fleurir, dormir.*

Que signifie le mot intransitif?

212. — Le mot *intransitif* signifie que l'état ou l'action qu'exprime le verbe ne sort pas du sujet pour *passer* à l'objet : *marcher, parler, dormir*, etc., sont des verbes neutres *intransitifs.*

Comment reconnaît-on un verbe neutre?

213. — On reconnait qu'un verbe est neutre quand on ne peut mettre immédiatement après lui *quelqu'un* ou *quelque chose.* En effet, on ne peut pas dire *dormir quelqu'un, dormir quelque chose.*

Remarque. Tandis que le verbe actif a un *complément direct*, le verbe neutre n'en a *point.*

Un verbe neutre peut-il dans certains cas devenir actif?

214. — Oui. Ainsi *valoir* mis pour *occasionner. Ce travail me vaut mille ennuis ; passer* mis pour *omettre. Je passe des pages très-intéressantes,* etc.

4.

Conjugaison du verbe neutre ou intransitif PARTIR.

INDICATIF.

PRÉSENT.

Je pars
Tu pars
Il *ou* elle part.
Nous partons
Vous partez
Ils *ou* elles partent.

IMPARFAIT.

Je partais
Tu partais
Il *ou* elle partait.
Nous partions
Vous partiez
Ils *ou* elles partaient.

PASSÉ DÉFINI.

Je partis
Tu partis
Il *ou* elle partit.
Nous partîmes
Vous partîtes
Ils *ou* elles partirent.

PASSÉ INDÉFINI.

Je suis parti *ou* partie
Tu es parti *ou* partie
Il est parti *ou* elle est partie.
Nous sommes partis *ou* parties
Vous êtes partis *ou* parties
Ils sont partis *ou* elles sont parties.

PASSÉ ANTÉRIEUR.

Je fus parti *ou* partie
Tu fus parti *ou* partie
Il fut parti *ou* elle fut partie.
Nous fûmes partis *ou* parties
Vous fûtes partis *ou* parties.
Ils furent partis *ou* elles furent parties

PLUS-QUE-PARFAIT.

J'étais parti *ou* partie
Tu étais parti *ou* partie
Il était parti *ou* elle était partie.
Nous étions partis *ou* parties
Vous étiez partis *ou* parties
Ils étaient partis *ou* elles étaient parties.

SUBJONCTIF.

PRÉSENT.

Que je parte
Que tu partes
Qu'il *ou* qu'elle parte.
Que nous partions
Que vous partiez
Qu'ils *ou* qu'elles partent.

IMPARFAIT.

Que je partisse
Que tu partisses
Qu'il *ou* qu'elle partît.
Que nous partissions
Que vous partissiez
Qu'ils *ou* qu'elles partissent.

PASSÉ.

Que je sois parti *ou* partie
Que tu sois parti *ou* partie
Qu'il soit *ou* qu'elle soit partie.
Que nous soyons partis *ou* parties
Que vous soyez partis *ou* parties
Qu'ils soient partis *ou* qu'elles soient parties.

Quand dit-on qu'un verbe est conjugué sous une forme interrogative ?

215. — On dit qu'un verbe est conjugué sous une

forme interrogative lorsque le pronom sujet est placé après le verbe, et joint à ce verbe par un trait- d'union. *Chantes-tu? Chanté-je? Parlé-je? Eussé-je parlé? Aime-t-il? Aima-t-elle?* Ce *t* est appelé euphonique; on le place entre deux traits d'union.

REMARQUE. Les verbes ne peuvent être conjugués sous la forme interrogative qu'aux temps de l'indicatif et du conditionnel.

Conjugaison sous la forme INTERROGATIVE.

INDICATIF.

PRÉSENT.

Aimé-je ?
Aimes-tu ?
Aime-t-il *ou* aime-t-elle ?
Aimons-nous ?
Aimez-vous ?
Aiment-ils *ou* aiment-elles ?

IMPARFAIT.

Aimais-je ?
Aimais-tu ?
Aimait-il *ou* aimait-elle ?
Aimions-nous ?
Aimiez-vous ?
Aimaient-ils *ou* aimaient-elles ?

PASSÉ DÉFINI.

Aimai-je ?
Aimas-tu ?
Aima-t-il *ou* aima-t-elle ?
Aimâmes-nous ?
Aimâtes-vous ?
Aimèrent-ils *ou* aimèrent-elles ?

PASSÉ INDÉFINI.

Ai-je aimé ?
As-tu aimé ?
A-t-il aimé *ou* a-t-elle aimé ?

Avons-nous aimé ?
Avez-vous aimé ?
Ont-ils *ou* ont-elles aimé ?

PASSÉ ANTÉRIEUR.

Eus-je aimé ?
Eus-tu aimé ?
Eut-il aimé *ou* eut-elle aimé ?
Eûmes-nous aimé ?
Eûtes-vous aimé ?
Eurent-ils aimé *ou* eurent-elles aimé ?

PLUS-QUE-PARFAIT.

Avais-je aimé ?
Avais-tu aimé ?
Avait-il *ou* avait-elle aimé ?
Avions-nous aimé ?
Aviez-vous aimé ?
Avaient-ils *ou* avaient-elles aimé ?

FUTUR.

Aimerai-je ?
Aimeras-tu ?
Aimera-t-il *ou* aimera-t-elle ?
Aimerons-nous ?
Aimerez-vous ?
Aimeront-ils *ou* aimeront-elles ?

FUTUR ANTÉRIEUR.

Aurai-je aimé ?
Auras-tu aimé ?
Aura-t-il *ou* aura-t-elle aimé ?
Aurons-nous aimé ?
Aurez-vous aimé ?
Auront-ils *ou* auront-elles aimé ?

CONDITIONNEL.

PRÉSENT.

Aimerais-je?
Aimerais-tu?
Aimerait-il *ou* aimerait-elle ?
Aimerions-nous?
Aimeriez-vous?
Aimeraient-ils *ou* aimeraient-elles?

PASSÉ.

Aurais-je aimé?
Aurais-tu aimé?
Aurait-il *ou* aurait-elle aimé?
Aurions-nous aimé?
Auriez-vous aimé ?
Auraient - ils *ou* auraient - elles aimé ?

AUTRE PASSÉ.

Eussé-je aimé ?
Eusses-tu aimé ?
Eût-il *ou* eût-elle aimé ?
Eussions-nous aimé?
Eussiez-vous aimé ?
Eussent - ils *ou* eussent - elles aimé ?

Qu'est-ce que le verbe réfléchi ou pronominal?

216. Le verbe *réfléchi* ou *pronominal* est celui dont l'action *se réfléchit* sur le sujet : l'orgueilleux *se loue*, et qui se conjugue toujours avec deux pronoms dont le second est complément soit direct, soit indirect : Vous *vous vantez*, c'est-à-dire vous *vantez* **vous**; nous *nous nuisons*, c'est-à-dire nous *nuisons* à **nous**.

Combien y a-t-il de classes de verbes pronominaux?

217. Les verbes pronominaux se divisent en deux classes : les verbes pronominaux *accidentels*, il *se vante*, et les verbes pronominaux *essentiels*, c'est-à-dire qui n'existent que sous cette forme, *se repentir*, *s'abstenir*, *s'emparer*.

REMARQUE. I. Dans les verbes pronominaux *essentiels*, le pronom *complément* est toujours considéré comme complément indirect; car alors les verbes dont il s'agit sont toujours formés d'un verbe *neutre*, tandis que les verbes pronominaux *accidentels* sont formés d'un verbe *actif*.

II. Quelques verbes, devenus pronominaux *accidentels*,

doivent être tenus pour *essentiels* lorsque la forme pronominale a modifié leur syntaxe. Ainsi *apercevoir une chose* et *s'apercevoir d'une chose* expriment deux nuances de sens. *Féliciter quelqu'un, se féliciter de quelque chose* semblent également deux verbes différents.

III. Tous les verbes pronominaux conjuguent les temps composés à l'aide du verbe *être*.

Verbe réfléchi ou pronominal se REPENTIR.

INDICATIF.

PRÉSENT.

Singulier.

Je me repens.
Tu te repens.
Il *ou* elle se repent.

Pluriel.

Nous nous repentons.
Vous vous repentez.
Ils *ou* elles se repentent.

IMPARFAIT.

Je me repentais.
Nous nous repentions, etc.

PASSÉ DÉFINI.

Je me repentis.
Nous nous repentîmes, etc.

PASSÉ INDÉFINI.

Je me suis repenti *ou* repentie.
Nous nous sommes repentis *ou* repenties, etc.

PASSÉ ANTÉRIEUR.

Je me fus repenti *ou* repentie.
Nous nous fûmes repentis *ou* repenties, etc.

PLUS-QUE-PARFAIT.

Je m'étais repenti *ou* repentie.
Nous nous étions repentis *ou* repenties, etc.

FUTUR SIMPLE.

Je me repentirai.
Nous nous repentirons, etc.

FUTUR ANTÉRIEUR.

Je me serai repenti *ou* repentie.
Nous nous serons repentis *ou* repenties, etc.

CONDITIONNEL

PRÉSENT.

Je me repentirais.
Nous nous repentirions, etc.

PASSÉ.

Je me serais repenti *ou* repentie.
Nous nous serions repentis *ou* repenties, etc.

IMPÉRATIF.

Repens-toi.
Repentons-nous.
Repentez-vous.

SUBJONCTIF.

PRÉSENT OU FUTUR.

Que je me repente.
Que nous nous repentions, etc.

IMPARFAIT.

Que je me repentisse.
Que nous nous repentissions, etc.

PASSÉ.

Que je me sois repenti *ou* repentie.
Que nous nous soyons repentis
ou repenties, etc.

PLUS-QUE-PARFAIT.

Que je me fusse repenti *ou* repentie, etc.

INFINITIF.

Se repentir.

PASSÉ.

S'être repenti ou repentie.

PARTICIPE PRÉSENT.

Se repentant.

PARTICIPE PASSÉ.

Repenti, repentie , s'étant repenti *ou* repentie.

Qu'est-ce que le verbe impersonnel?

218. Le verbe *impersonnel* est celui qui ne s'emploie qu'à la 3° personne du singulier : *Il pleut, il
neige, il tonne.*

Combien distingue-t-on de verbe impersonnels?

219. On distingue les verbes *essentiellement impersonnels*, c'est-à-dire qui ne peuvent avoir que cette
forme de conjugaison, *il pleut, il neige*, etc. ; et les
verbes *accidentellement impersonnels*, c'est-à-dire ceux
qui, ayant toutes leurs personnes, sont employés, dans
certains cas, comme des verbes impersonnels, *il importe, il arrive*, etc.

Expliquez la valeur du pronom il = *dans il pleut?*

220. Le pronom il, dans *il pleut*, n'est pas un *pronom personnel.* C'est par suite d'une loi naturelle que
la *pluie tombe.* C'est un pronom pris dans un sens indéfini, *indéterminé*, qui se joint au verbe, et qu'on appelle improprement un *sujet apparent.*

Quel est donc le sujet réel?

221. Le *sujet réel* n'est que l'idée même exprimée
par le verbe : c'est *la pluie*, c'est *la neige qui tombe.*

Conjugaison du verbe impersonnel il TONNE.

INDICATIF.	*Présent.* Il tonne. *Imparfait.* Il tonnait. *Passé défini.* Il tonna. *Passé indéfini.* Il a tonné. *Passé antérieur.* Il eut tonné. *Plus-que-Parfait.* Il avait tonné. *Futur.* Il tonnera. *Futur antérieur.* Il aura tonné.
CONDITIONNEL.	*Présent.* Il tonnerait. *Passé.* Il aurait tonné.

Pas *d'impératif.*

SUBJONCTIF.	*Présent.* Qu'il tonne. *Imparfait.* Qu'il tonnât. *Parfait.* Qu'il ait tonné. *Plus-que-Parfait.* Qu'il eût tonné.
INFINITIF.	*Présent.* Tonner.
PARTICIPE.	*Présent.* Tonnant. *Passé.* Tonné.

DES SUJETS DU VERBE.

Tout verbe a-t-il un sujet?

222. Tout verbe attributif (c'est-à-dire qui renferme en soi *l'attribut* combiné avec le verbe *être*) employé à un mode personnel a un sujet.

Un loup disait que l'on l'avait volé. (La Fontaine.)

Le mot *loup* est le sujet du verbe *disait.*

Remarque. Un même nom peut être sujet de plusieurs verbes : *L'enfant joue et rit.*

Quels sont les mots qui peuvent être sujets d'un verbe?

223. Le sujet d'un verbe peut être représenté par un *nom,* par un *pronom personnel, démonstratif, relatif,* ou même par *un infinitif. (Voir nos Exercices.)*

RÈGLES D'ACCORD DU VERBE. — EXCEPTIONS A LA RÈGLE GÉNÉRALE. — CONSTRUCTION DES SUJETS.

Quelle est la règle générale d'accord du verbe?

224. Le verbe s'accorde en nombre et en personne avec le sujet.

Tous les *mangeurs* de gens *ne sont* pas grands seigneurs. (La Fontaine).
Comment! des *animaux qui tremblent* devant moi.   (Id.)

REMARQUE. Le sujet est simple ou composé. *Je marche,* sujet simple; *mon frère et ma sœur se promènent,* sujet composé.

Qu'arrive-t-il si les sujets sont de différentes personnes?

225. Si les mots qui forment le sujet sont *de différentes personnes,* le verbe s'accorde avec la personne qui a *la priorité : vous et lui* **vous** *écrivez. Narbal et moi* **nous** *admirions la bonté des dieux.*

Qu'arrive-t-il si les mots qui forment le sujet sont synonymes?

226. Si les mots qui forment le sujet sont *synonymes,* le verbe s'accorde avec le dernier : *Ton ardeur, ton impétuosité m'étonne.*

Il en est de même : 1° Si les sujets sont placés par gradation : *vous me parlez de ce voyage,* mais *votre santé, votre avenir, votre honneur vous* l'**impose.**

2° Si les sujets sont résumés par l'un des mots *tout, rien, aucun,* etc.

Un souffle, une ombre, un rien, *tout* lui donnait la fièvre.
                              (La Fontaine.)

Quelle est la règle d'accord, si deux ou plusieurs sujets sont unis par la conjonction **ou**?

227. Quand *deux* ou *plusieurs* sujets sont unis par la conjonction *ou*, le verbe s'accorde avec le dernier si l'un des sujets seul suffit à l'action exprimée par le verbe : *Adressez-vous à ses deux frères; l'un* **ou** *l'autre vous* **répondra.**

Au contraire, le verbe se met au pluriel si les sujets unis par la conjonction *ou* concourent à l'action : *L'amour religieux* **ou** *l'amour-propre* **pénètrent seuls** *jusqu'à la source de nos pensées.* C'est comme s'il y avait : *ces deux choses pénètrent.*

Quelle est la règle d'accord si les sujets sont de différentes personnes?

228. Si les sujets unis par *ou* sont *de différentes personnes*, le verbe s'accorde avec celui des sujets qui a *la priorité* : *Votre voisin* **ou** *moi, nous viendrons.*

Quelle est la règle générale si les sujets sont unis par la conjonction **ni?**

229. *Ni* est exclusif du pluriel quand l'un des sujets seul suffit à l'action exprimée par le verbe : *Ni Pierre* **ni** *Joseph ne* **sera** *promu au grade de capitaine de la compagnie.*

Au contraire, le verbe se met au pluriel si les sujets unis par *ni* concourent à l'action :

Ni l'or ni la grandeur ne nous **rendent** *heureux.* (La Fontaine.)

Il en est de même quand *l'un et l'autre* est employé comme sujet : *L'un et l'autre* à ces mots *sont partis.*

Remarque. Il ne faut pas donner sur ces règles d'accord si délicates une formule absolue. Dans tous les exemples que nous fournissent sur ce point nos grands écrivains, il importe de chercher l'esprit même de la règle, et de ne point la fausser par de trop subtiles applications.

Quelle est la règle générale d'accord si le verbe a pour sujet un collectif soit général, soit partitif?

230. Si le sujet du verbe est un *collectif général,* c'est-à-dire qui exprime la collection entière des personnes ou des choses, ou un *collectif partitif*, et que ces collectifs soient suivis d'un *complément*, le verbe s'accorde avec le *collectif* s'il est *général*, ou avec le *complément* du collectif, si le collectif est *partitif.* On dira : **La foule** (collectif général) *des hommes* **est** *soumise à l'action d'une Providence.* On dira : *Une foule* (collectif partitif) *de soldats* **coururent** *aux remparts.* Ce sont les soldats qui *coururent.* Accord du verbe avec le *complément* du collectif.

Toutefois, le verbe s'accorde avec le collectif *même partitif*, et non avec son complément, lorsque le sens s'applique plutôt à l'idée exprimée par le collectif lui-même qu'à son complément : **Une nuée** *de sauterelles* **s'étendit** *sur l'Égypte.* C'est la **nuée** elle-même qui *s'étendit.*

REMARQUE. Comme on vient de le voir, le verbe s'accorde avec le collectif *même partitif*, lorsque c'est particulièrement le *collectif partitif* et non son complément que l'on a en vue et qu'on veut déterminer. Tel est cet exemple de Racine :

> *D'adorateurs zélés à peine un petit nombre*
> *Ose des premiers temps nous retracer quelque ombre.*

Il n'y en a qu'un petit nombre qui *ose;* c'est *ce petit nombre* que Racine a en vue.

Dans quel cas le verbe s'accorde-t-il avec le complément du collectif?

231. Le verbe s'accorde avec le complément du collectif quand ce collectif est un adverbe de quantité : *peu, beaucoup, combien*, que ce complément soit exprimé ou sous-entendu :

Peu d'hommes (complément exprimé) *parviennent* à l'extrême vieillesse.

Beaucoup (complément sous-entendu) *périrent* par imprudence.

Il en est ainsi des collectifs *la plupart, le plus grand nombre*, etc.

Quelle est la règle générale d'accord du verbe avec **qui** *pronom relatif?*

232. Le verbe s'accorde en nombre et en personne avec *qui* pronom *relatif*, comme il s'accorderait avec *l'antécédent* lui-même, sujet du verbe.

C'est moi *qui suis* Guillot, berger de ce troupeau. (La Fontaine.)
Oui, c'est *toi qui* nous *perds*, ridicule folie.

Qu'appelle-t-on antécédent?

233. L'*antécédent*, c'est le nom, le pronom, l'adjectif, etc., auquel se rapporte le *pronom relatif : moi qui ai vu, vous qui avez vu.*

REMARQUE. Il importe de bien considérer quel est l'antécédent du pronom relatif; car c'est *en général toujours avec cet antécédent* que se fait l'accord du verbe Ainsi on dira : Tu es l'homme qui *m'a* cherché hier. L'antécédent est le mot *homme*, et la phrase peut se résoudre ainsi : L'homme qui *m'a* cherché hier, *c'est toi.*

Quelle est la règle d'accord du verbe être précédé du pronom ce?

234. *Ce*, pronom placé avant le verbe *être*, veut ce verbe à la 3e personne du singulier, à moins que le sujet de ce verbe ne soit après lui et à la 3e personne du pluriel. On dira : *c'est moi, c'est nous ; c'est toi, c'est vous.* Mais on dira :

L'honneur parle, il suffit; ce *sont* là mes oracles. (Racine.)

On met également le verbe au pluriel quand il est suivi d'un sujet multiple et qu'il répond à une question. Ex : *Quels sont les quatre points cardinaux?* **Ce sont** *le nord, le sud, l'est* et *l'ouest.*

Mais le verbe *être* se met au singulier quand il a le tour interrogatif : *est-ce vous, est-ce nous?*

CONSTRUCTION DES DIVERS COMPLÉMENTS DU VERBE.

Peut-on donner à un seul verbe deux compléments indirects qui expriment le même rapport?

235. On ne peut pas donner à un seul verbe deux compléments indirects qui expriment le même rapport. C'est un pléonasme et en grammaire c'est une faute légère que de dire avec Boileau :

C'est à *vous* mon Esprit, à *qui* je veux parler.

Qu'arrive-t-il quand plusieurs verbes ont un complément commun ou des compléments de nature différente?

236. Dans le premier cas, le même complément régira fort bien les deux verbes; dans le second, il faut donner à chaque verbe le complément qui lui convient. On dira : Il *aime* et *favorise les hommes de bien.* On ne dira pas : *L'ennemi assiégea et s'empara de la ville;* mais, *l'ennemi assiégea la ville et s'en empara.* On ne dira pas : *il aime et obéit aux lois;* mais: *il aime les lois et leur obéit.*

Il n'est pas correct de donner à un verbe deux compléments indirects, dont l'un est un *nom* et l'autre un *infinitif*. Pourtant Fénelon a écrit :

Ces peuples étaient adonnés à l'agriculture *ou à conduire les troupeaux.*

C'est comme s'il y avait : ou à la *conduite* des troupeaux. C'est une espèce de latinisme.

Qu'arrive-t-il si le verbe a deux ou plusieurs compléments d'inégale étendue?

237. Si le verbe a deux ou plusieurs compléments d'inégale étendue, *le plus court* doit occuper le premier rang. S'ils sont d'égale étendue, c'est le *complément direct* qui doit s'écrire le premier :

Le Nil portait partout *la fécondité* = avec ses eaux salutaires.
(Bossuet.)

Comment s'écrit en général le complément indirect après les participes passés?

238. Le participe passé, formant avec l'auxiliaire un temps passif, veut la préposition *de* avant son complément indirect quand il exprime un sentiment : Tout le monde *est charmé de* sa douceur. Il veut la préposition *par*, quand il exprime une action du corps ou de l'esprit : Il *est arrivé par* son travail.

N. B. — Sur les compléments *ciconstanciels*, voir la 2ᵉ partie, *Remarques sur le verbe.*

EMPLOI DES AUXILIAIRES.

Dans la composition de quels verbes entrent les auxiliaires avoir et être?

239. Le verbe *neutre*, quand il exprime l'action, prend l'auxiliaire *avoir : il* **a** *paru; nous* **avons** *marché;* *ils* **ont** *régné.*

Il faut excepter les verbes *aller, arriver, choir, entrer, mourir, naître,* etc., et les composés de *venir,* hormis *contrevenir* et *subvenir*, qui prennent, d'après l'usage, l'auxiliaire *être*.

REMARQUE. I. Cependant certains verbes neutres ou intransitifs, selon qu'on a en vue l'action ou l'état qu'ils expriment, prennent tantôt l'auxiliaire *être*, tantôt l'auxiliaire *avoir*. Ce sont les *circonstances* dont le verbe est accompagné qui en décident : *Il a disparu subitement. Elle est disparue* depuis quinze jours. Le fleuve *a monté rapidement. Il est monté dans ses ateliers.*

II. Le verbe *convenir* change d'auxiliaire en changeant d'acception : Cette étoffe *m'a* convenu ; nous *en sommes* convenus.

III. Le verbe *demeurer* dans le sens d'*habiter*, prend l'auxiliaire *avoir* ; il prend l'auxiliaire *être* dans le sens de *rester* : Des milliers de soldats *sont demeurés* sur le champ de bataille. *Il a demeuré* non loin de l'esplanade.

IV. Le verbe *échapper* prend *avoir* ou *être*. Ma plume m'*a échappé* ou m'*est échappée* de la main. Quelques négligences vous *sont échappées* par-ci, par-là.

V. Remarquez les nuances de signification du verbe *expirer* dans ces phrases : Les sons *expirèrent* lentement. La puissance de cet empire *était près d'expirer*. Les délais *sont expirés*.

N. B. Sur l'emploi des **modes** et la **concordance des temps**, voir la 2ᵉ partie et nos **Exercices**, 3ᵐᵉ série.

CHAPITRE VI

DU PARTICIPE.

PARTICIPE PRÉSENT ET ADJECTIF VERBAL.

Qu'est-ce que le participe ?

240. Le participe est un mot *variable*, susceptible de *genre* et de *nombre*.

Pourquoi le participe est-il ainsi appelé?

241. Le participe est ainsi appelé, parce qu'il *participe* de la double nature du verbe et de l'adjectif. Il *participe* du *verbe* en ce qu'il en a la signification et le complément : *Lisant* = un livre. Il *participe* de l'*adjectif* en ce qu'il exprime la *qualité* des êtres ou des objets : Enfants *aimés;* âmes *élevées.* C'est sous cette forme qu'il est variable et susceptible de genre et de nombre.

Combien y a-t-il de participes?

242. Il y a deux participes : le participe *présent,* terminé en *ant : aimant, marchant;* le participe *passé : honoré, estimé,* etc.

REMARQUE. Le participe passé ainsi employé sans auxiliaire est un *participe adjectif,* et on l'analyse comme *adjectif qualificatif.*

Quelle différence y a-t-il entre le participe présent (considéré comme invariable) et certains adjectifs dérivés des verbes et appelés adjectifs verbaux?

243. La différence consiste en ce que le *participe présent* marque l'action au moment où elle se fait, tandis que l'adjectif *verbal* exprime une qualité, un état, une manière d'être du sujet. Il a bien la forme du participe, mais la valeur de l'adjectif, et dès lors il s'accorde en genre et en nombre avec le nom :

J'ai entendu des abeilles *bourdonnant* (qui faisaient l'action de bourdonner) sur les fleurs.

Des animaux ailés, *bourdonnants* (qui ont la qualité d'être bourdonnants), un peu longs.

Le mot *bourdonnant* est un participe présent, le mot *bourdonnants* est un adjectif verbal.

A quels caractères reconnaît-on un participe présent?

244. Le participe est *présent* et dès lors invariable :
1° quand il est précédé de la préposition *en* :

A ces mots en *pleurant* ils se disent adieu.

2° Quand il est suivi d'un complément direct :

A ces mots, d'un bonnet *couvrant* sa tête énorme,
Elle prend d'un vieux chantre et la taille et la forme. (Boileau.)

3° Quand le participe exprime proprement l'action du sujet : Je les ai vus *courant* sur le gazon = qui *couraient*.

A quels caractères reconnaît-on l'adjectif verbal?

245. Le participe en *ant* est un adjectif verbal, et dès lors variable, lorsqu'il qualifie un nom :

Quel bruit s'est élevé? La *trompette sonnante*
A retenti de tous côtés,
Et sur son char de feu la *foudre dévorante*
Parcourt les airs épouvantés.

Remarque. 1. C'est donc en s'attachant à bien distinguer dans la forme en *ant* l'*action* de l'*état*, qu'on pourra distinguer les nuances du participe présent et de l'adjectif verbal.

Ainsi, nul doute que dans les phrases suivantes il n'y ait une forme et une nuance très-nettes d'adjectif verbal.

Ses sectateurs *ignorants* l'en ont cru sur sa parole. (Bossuet.)
Cette nouvelle Babylone... *triomphante* dans ses délices et dans ses richesses. (Bossuet.)
Calypso aperçut des cordages *flottants* sur la côte. (Fénelon.)

Au contraire, il y a dans les phrases que voici une nuance très-nette de participe présent : On voit mille soldats *travaillant* sous l'ardeur du soleil. On voit la rosée *dégouttant* des feuilles. On voit la sueur *ruisselant* sur son visage. (Voir la 2ᵉ partie et nos *Exercices*.)

II. Le mot en *ant* est variable, si, modifié par un adverbe, il en est précédé ; il reste invariable, si cet adverbe le suit. Des ruisseaux *murmurant* sans cesse. Des ruisseaux sans cesse *murmurants*.

III. L'adjectif verbal correspond au participe présent dont il *conserve l'orthographe*, excepté dans les mots : *convainquant, extravaguant, fabriquant, fatiguant, intriguant, suffoquant, vaquant*, qui font comme adjectifs verbaux : *convaincant, extravagant, fabricant, fatigant, intrigant, suffocant, vacant*.

PARTICIPE PASSÉ. — PRINCIPALES OBSERVATIONS SUR L'ACCORD DE CE PARTICIPE.

Sous quelles formes se présente le participe passé ?

246. Le participe passé se présente sous trois formes différentes : 1° sans auxiliaire : image *adorée*, enfants *aimés* ; 2° joint à l'auxiliaire *être : ils* **sont** *partis* ; je **serais** *puni* ; 3° joint à l'auxiliaire *avoir : J'*ai *reçu*, elles **ont** *écrit*.

Quelle est la règle d'accord du participe passé joint à l'auxiliaire être ?

247. Le participe passé joint à l'auxiliaire *être* s'accorde en genre et en nombre avec le sujet du verbe : *elles* sont *parties ; Pierre* est *venu ; Pierre* et *Paul* sont *venus*.

REMARQUE. I. Le participe passé employé sans auxiliaire s'accorde en genre et en nombre avec le nom ou le pronom auquel il se rapporte. Il a ici la fonction d'un véritable adjectif : images *sacrées* ; familles *bénies* ; temples *détruits*.

II. Le participe passé joint à l'auxiliaire être s'accorde avec le sujet du verbe, que le sujet suive ou précède. Cette ville *est* bien *bâtie. Estimée* de tous, elle fut le modèle des vertus chrétiennes.

5.

Quelle est la règle d'accord du participe passé joint à l'auxiliaire avoir ?

248. 1° Le participe passé joint à l'auxiliaire *avoir* s'accorde avec le complément direct s'il en est *précédé* : La personne *que* j'ai *vue;* les lettres *que* j'ai *reçues*. Les participes *vue, reçues,* s'accordent avec leurs compléments directs (les pronoms relatifs *que*), mis pour *laquelle personne, lesquelles lettres;* et comme ces compléments *précèdent* les participes, il y a accord.

2° Le participe passé joint à l'auxiliaire *avoir* reste invariable si le complément direct est *après*, ou *s'il n'y en a pas : J'ai vu* cette personne; j'ai *reçu* plusieurs lettres. Les participes *vu, reçu* restent invariables parce qu'ils sont suivis de leurs compléments directs *une personne, plusieurs lettres*.

Ainsi le participe passé joint à l'auxiliaire *avoir* varie dans les phrases suivantes :

Dieu renouvela sur cette ville les terribles châtiments *qu'il* avait *exercés* sur Babylone (lesquels châtiments il avait exercés).

Les fonctions *qu'il a remplies* dans l'État (lesquelles fonctions il a remplies).

Les connaissances *qu'ils* ont *acquises* (lesquelles connaissances).

Le sang *les* avait *joints*, l'intérêt *les* sépare (avait joints eux, *les*).

Dans ces exemples il y a accord, parce que le complément direct représenté par le pronom relatif *que* ou par le pronom personnel *les précède* les participes.

Au contraire, le participe passé joint à l'auxiliaire *avoir* reste invariable dans les phrases suivantes : Dieu a exercé sur cette ville || *de terribles châtiments.* Il a couru || *de grands risques.* Il a rempli || *de beaux emplois.*

Dans ces exemples il n'y a pas accord, parce que le complément direct *suit* le participe.

De même on écrira : Il a beaucoup *lu.*

Dans cet exemple, il n'y a pas accord, parce qu'il n'y a pas de complément direct après le participe *lu.*

REMARQUE. C'est *surtout* quand il est formé d'un *verbe neutre* que le participe passé s'écrit sans complément direct après lui.

Quels sont les verbes dont le participe, selon les cas, est variable ou invariable?

249. Le participe passé de certains verbes varie ou ne varie pas, selon que ces verbes sont employés dans le sens actif ou dans le sens neutre. Ainsi on dira dans le sens actif : Cette personne *vous* a honnêtement *servis.* Elle a *servi* qui? *vous.* Le participe *servi* est ici *précédé* de son complément direct *vous,* et dès lors il varie d'après la règle ordinaire.

Mais on dira dans le sens neutre : Ces tristes événements *vous* ont *servi* à la mieux connaître. Ont *servi* à qui? à vous. Le participe passé *servi* est ici employé sans complément *direct,* et dès lors il ne varie pas d'après la règle ordinaire.

REMARQUE. Le *complément indirect,* qu'il *précède* ou *suive* le participe passé, ne modifie en rien les règles d'accord.

Quelle règle suit le participe passé des verbes régner, dormir, etc.?

250. Le participe passé des verbes neutres *régner, dormir,* etc., est *toujours* invariable : Les soixante années qu'il a *régné.* Les sept heures qu'elle a *dormi.*

Quelle est la règle d'accord du participe passé dans les verbes pronominaux?

251. Le participe passé des verbes pronominaux suit la règle d'accord du participe passé conjugué avec *avoir*, et dès lors il *varie* si le complément direct le *précède;* sinon, il reste *invariable*.

Cette règle s'applique aux verbes pronominaux *accidentels*.

Citez et analysez quelques exemples?

Ex. : *Elles se sont blessées.* Il faut analyser cette phrase comme si le participe passé *blessées* était joint à l'auxiliaire *avoir*, et dire : elles *ont* blessé qui? elles, représenté par le pronom réfléchi *se*. Et comme ce pronom *précède* le participe, il y a accord.

Ex. : *Elles se sont blessé le doigt.* Il faut analyser cette phrase comme si le participe passé *blessé* était joint à l'auxiliaire *avoir*, et dire : elles ont *blessé* quoi? le doigt. Et comme les mots *le doigt suivent* le participe, celui-ci reste invariable.

Ex. : *Elle s'est laissée mourir.* Le participe *laissée* est variable. Elle *a* laissé mourir qui? *elle, se,* placé avant le participe.

Remarque. Le verbe *s'arroger* suit les mêmes règles : Les droits qu'ils se sont *arrogés;* ils se sont *arrogé* des droits exorbitants.

Il est facile de voir que, par un tel procédé d'analyse, on résout aisément ces difficultés de syntaxe.

Quelle est la règle d'accord du participe passé dans les verbes pronominaux essentiels?

252. Dans les verbes pronominaux *essentiels*, le participe passé s'accorde avec les pronoms *me, te, se,* etc., qui le précèdent : Ils se sont *repentis* de leur conduite. Elles se sont *abstenues* de parler.

Remarque. I. Le participe passé des verbes pronominaux *accidentels* formés d'un verbe neutre reste invariable. Tels sont les verbes *se plaire, se succéder, se nuire*, etc. On écrira donc : Elles se sont *plu* dès le premier jour. Ils se sont *succédé* dans cette charge importante. Ils se sont toujours *nui*.

II. On applique la règle d'accord du participe dans les verbes pronominaux *essentiels* aux verbes pronominaux *accidentels se douter, s'apercevoir*, etc. Elles se sont *doutées* de quelque chose. Ils se sont *aperçus*, mais trop tard, qu'on les trompait.

Quelle est la règle d'accord du participe passé des verbes impersonnels ?

253. Le participe passé des verbes *impersonnels* reste invariable, parce que ces verbes, fussent-ils dérivés d'un verbe actif, abandonnent le sens actif pour prendre le sens neutre. Les grands froids qu'il *a fait*. Les temps pluvieux qu'il y *a eu*. *Que*, ici, n'est pas un pronom relatif *complément direct* des verbes *faire* et *avoir*. Il n'y a donc pas accord.

N. B. On ne donne pas ici la règle d'accord du participe passé placé entre deux *que*. C'est un tour de phrase barbare qu'il faut absolument éviter.

Quelle est la règle d'accord du participe passé qui a pour complément direct l' mis pour cela ?

254. Le participe passé qui a pour complément direct *l'* mis pour *cela* reste invariable, parce que le pronom *cela* étant masculin singulier ne modifie en rien les règles d'accord. L'armée n'était pas aussi exercée qu'on *l'avait cru* (qu'on avait cru *cela*, c'est à savoir qu'elle était exercée. (L'affaire fut moins grave que nous *l'avions pensé* (que nous n'avions *pensé* qu'elle serait grave.)

Quelle est la règle d'accord du participe passé précédé du pronom en?

255. Le participe passé précédé du pronom *en* reste invariable. Ce pronom, en effet, sert à déterminer le complément direct exprimé ou sous-entendu; et, comme tel, il ne modifie en rien les règles d'accord. Il a beaucoup d'amis, mais il *en* a *invité deux* seulement. *En* détermine le complément direct exprimé par = *deux seulement.*

Il a écrit plus de livres que d'autres n'*en* ont lu. *En* détermine le complément direct sous-entendu = *que d'autres n'ont lu un certain nombre de livres.*

Quelle est la règle d'accord du participe passé précédé d'un adverbe de quantité?

256. Le participe passé précédé d'un *adverbe de quantité* s'accorde en genre et en nombre avec le nom qui le précède et qui en est le *complément direct.* Combien d'*hommes* il a *trompés!* Autant de *personnes* il a *connues,* autant de *dupes* il a *faites.* Il a trompé *qui?* des *hommes,* combien d'*hommes.*

C'est par une raison analogue que La Fontaine a pu écrire, en faisant accorder le participe passé précédé du pronom *en avec l'idée* dont ce pronom tient lieu :

> Pendant ces derniers temps, combien *en* a-t-on *vus*
> Qui, du soir au matin, sont pauvres devenus
> Pour vouloir trop tôt être riches?

Il y a ici une idée de *pluralité* que rappelle le pronom *en.*

Par une raison contraire, on écrira : Combien il en a *trompé!* Combien avez-vous *compté* de pièces d'or? Combien tu en as *compté.*

Ici c'est *combien*, et non l'*idée de pluralité*, qui domine; il n'y a donc pas accord.

Quelle est la règle d'accord du participe passé précédé de un, une, une de, une des ?

257. Le participe passé précédé de *un, une, une de, une des*, reste invariable quand le nom qui le précède exclut l'idée de pluralité ; sinon, il prend l'accord : *Un* de vos élèves que j'ai *vu* ce matin m'a paru intelligent. *Un des* élèves que j'ai *vus* ce matin m'a rassuré sur votre santé.

Quelle est la règle d'accord du participe passé précédé de le peu ?

258. Le substantif *le peu* exprime ou le *manque*, ou la *petite quantité*.

Dans le premier cas il est *substantif*, et règle l'accord. Le *peu* de faveur que vous lui avez *montré* l'a découragé. La cause de son découragement c'est le *peu*, le *manque*, l'*insuffisance* (de faveur) de votre part.

Dans le 2ᵉ cas, le *peu* étant un simple *collectif partitif*, c'est le nom lui-même qui règle l'accord. Le *peu* de *résolution* que vous avez *montrée* en cette affaire a triomphé de tous les obstacles. Il a suffi d'un peu de *résolution* (d'une *petite quantité*) pour triompher de tous les obstacles.

Quelle est la règle d'accord des participes coûté, valu, etc.?

259. Les participes passés *coûté, valu* sont invariables quand ils ont le sens de *valeur, prix*. Les *dix mille francs* que cette maison m'a *coûté*. Ils varient, quand ils expriment l'idée de *causer*, de *procurer*. Les *efforts* que ce travail m'a *coûtés*. Les *ennuis* que ce voyage m'a *valus*.

Ici, les participes *coûté, valu* sont pris dans *le sens figuré;* là, dans le sens propre de *valeur vénale.*

Quelles sont les règles d'accord du participe passé suivi d'un infinitif?

260. Pour résoudre cette difficulté, il faut avoir présente à l'esprit la différence qui existe entre le verbe *actif,* qui exprime une *action faite* par le sujet, et le verbe passif, qui exprime une *action soufferte, reçue* par le sujet.

Cela étant, voici *deux règles* que nous tenons pour certaines.

Citez la première règle?

261. 1re règle. Toutes les fois que le participe passé étant suivi d'*un infinitif,* le sujet *fait l'action,* le participe s'accorde en genre et en nombre avec ce sujet, *comme dans tous les cas* où le participe passé joint à l'auxiliaire *avoir* est *précédé de son complément direct:* Les personnes que j'ai *entendues chanter* avaient une voix très-pure. Les enfants que *j'ai vus passer* étaient les vôtres. Les bœufs que *j'ai vus paître* dans les herbages étaient fort beaux.

> Qui est-ce qui chantait? *Les personnes* = accord.
> Qui est-ce qui passait? *Les enfants* = accord.
> Qu'est-ce qui *paissait? Les bœufs* = accord.

Citez la deuxième règle?

262. 2e règle. Toutes les fois que le participe passé étant suivi d'*un infinitif,* le sujet *souffre l'action,* il n'y a plus accord, *comme dans tous les cas* où le participe passé est *suivi* de son complément direct : Les enfants que j'ai *vu conduire* à l'école étaient bien les vôtres. La personne que j'ai *vu attaquer* sur la route était bien votre frère. Les animaux que j'ai *vu mener* au pâturage étaient nombreux.

Ici, ce n'est plus le sujet qui fait l'action, *il la souffre. On conduisait les enfants à l'école. On attaquait votre frère. On menait les animaux au pâturage.*

En vertu de ces deux règles, on écrira : Où sont mes amis? Est-ce que vous les avez *laissés partir?* qui est-ce qui les a laissé partir? *c'est vous.* Vous cherchez mes gens; je les ai *laissé emmener.* On les a emmenés; il *souffrent* l'action.

Quelle est la règle d'accord du participe fait suivi d'un infinitif?

263. Le participe *fait* suivi d'un infinitif reste *toujours* invariable : les pavillons qu'elle a *fait construire.*

Quelle est la règle d'accord des participes dû, pu, voulu?

264. Les participes *dû, pu, voulu* restent invariables toutes les fois qu'on sous-entend après eux un *infinitif* ou un *verbe* à un temps personnel : je lui ai rendu tous les services que j'*ai dû* (lui rendre); j'ai accompli tous les travaux qu'il *a voulu* (que j'accomplisse).

Les mêmes participes varient dans ces exemples : Vous m'avez payé toutes les sommes *que* vous m'avez *dues.* Il veut fortement les choses *qu*'il a une fois *voulues.* Ici les participes *dû* et *voulu* suivent la règle d'accord du participe joint à l'auxiliaire *avoir* et *précédé* de *son complément direct.*

Quelle est la règle d'accord du participe suivi d'un infinitif, lequel est précédé d'une préposition?

265. Le participe, dans ce cas, suit les règles d'accord du participe joint à l'auxiliaire *avoir :* La personne *que* j'ai *priée* à dîner est ici.

Le participe est précédé de son *complément direct que* = accord.

La maison que j'ai *souhaité d'acheter* est fort jolie. J'ai souhaité quoi? *d'acheter.* Le participe est suivi de son complément = pas d'accord. (Voir la 2ᵉ partie et nos *Exercices.*)

CHAPITRE VII

DE L'ADVERBE.

Qu'est-ce que l'adverbe?

266. L'adverbe est un mot *invariable* qui sert à modifier : 1° un verbe : *Il agit sagement;* 2° un participe : *Il est très-estimé;* 3° un adjectif : *Dieu est très-juste;* 4° un autre adverbe : *Il agit très-prudemment.*

Quel est le rôle de l'adverbe?

267. L'adverbe en modifiant le verbe, le participe, l'adjectif ou un autre adverbe, ajoute à chacun de ces mots une idée de perfection ou de développement. Ainsi quand je dis : Il agit *sagement,* l'adverbe *sagement,* joint au verbe, lui donne un sens plus développé. Quand je dis : Dieu *est très-juste,* l'adverbe *très* ajoute à l'attribut *juste* une idée de perfection. L'adverbe *modifie donc la valeur des mots auxquels il s'ajoute.*

Ainsi dans les exemples suivants :

I. Vous resterez *là* jusqu'à mon retour, je ne vais pas *loin.* Les adverbes *là* et *loin* ajoutent aux verbes *rester* et *aller* une modification de *lieu.*

II. Je partirai *demain.* L'adverbe *demain* ajoute au verbe partir une modification de *temps.*

III. Je l'aime *beaucoup*. L'adverbe *beaucoup* ajoute au verbe *aimer* une modification de *quantité*.

Il en est de même de certains adverbes qui modifient le verbe dans le sens : 1° de l'interrogation : *combien ? quand ? pourquoi ? comment ?* etc. ; 2° de l'affirmation : *oui, vraiment, volontiers,* etc. ; 3° de la négation : *non, ne, ne pas,* etc. ; 4° du doute : *peut-être, probablement,* etc.

Citez quelques adverbes de manière ?

268. Tels sont les adverbes : *sagement, prudemment proprement, poliment, vainement,* etc.

Citez quelques adverbes qui marquent l'ordre, le rang ?

269. Tels sont : *puis, premièrement, auparavant, après, ensuite,* etc.

Leur bien *premièrement,* et *puis* le mal d'autrui. (La Fontaine.)

Citez quelques adverbes de lieu ?

270. Tels sont : *dedans, dessous, ici, là, loin, où, y,* etc.

Si je dis : Venez *ici,* il *y* vient ; allez *là,* il *y* va.

Citez quelques adverbes de temps ?

271. Tels sont : Aujourd'hui, autrefois, avant-hier, hier, jamais, etc. Je n'irai pas *demain* où je suis allé *hier.*

Citez quelques adverbes de quantité ?

272. Tels sont : assez, beaucoup, davantage, entièrement, peu, tant, trop, si, etc.

REMARQUE. I. *Si* est *adverbe* et *conjonction.* Il est adverbe quand il signifie *à tel point* ou quand il est mis pour *aussi.* Il n'est pas *si* laborieux que vous.

II. *Là,* adverbe de lieu, prend l'accent grave et se distingue ainsi pour l'orthographe de *la* article féminin singulier, et de *la,* pronom personnel.

III. *En* est adverbe quand il signifie *de là :* J'en arrive.

IV. *Y* est pronom ou adverbe. Il est adverbe quand il

indique le lieu où l'on va : Allez-vous à Paris ? J'*y* vais. *Y* est pronom quand il signifie *à cela, à lui, à elle*. Vous rappelez-vous cette affaire ? Oui, j'*y* songe, je songe *à elle*.

V. L'adverbe *où* pris dans le sens d'adverbe *de lieu*, ou dans le sens *interrogatif* prend l'accent grave. Il s'écrit sans accent quand il signifie *ou bien*. Je sais *où*. *Où* allez-vous ? Pierre *ou* Paul.

L'adverbe a-t-il un sens complet par lui-même ?

273. L'adverbe a tantôt un sens complet par lui-même : ainsi, vivre *sagement*, c'est vivre *avec sagesse ;* tantôt il conserve le régime de l'adjectif dont il est formé : vivre *conformément* aux lois, c'est-à-dire d'une manière *conforme* = *aux lois*. Sans cela il n'aurait pas un sens complet par lui-même.

N'y a-t-il pas des adjectifs qui s'emploient comme adverbes ?

274. Quelques adjectifs s'emploient comme adverbes quand ils modifient un verbe : Il parle *haut ;* il voit *clair*, c'est-à-dire *hautement, clairement*.

Qu'est-ce qu'une locution adverbiale ?

275. Une *locution adverbiale* est un assemblage de mots qui modifient un verbe, un adjectif ou un autre adverbe.

Citez quelques locutions adverbiales ?

276. Les locutions adverbiales sont nombreuses. Les plus ordinaires sont : *en vain, au hasard, plus tôt, depuis peu, au delà, au-dessus, en bas, sans doute, ne... pas, ne... point,* etc.

REMARQUE. Les adverbes *auparavant, alentour, dedans, dehors, dessus, dessous* s'emploient absolument, c'est-à-dire sans complément. Ne dites donc pas : *Alentour de,* mais *autour de, davantage que,* mais *plus que, auparavant qu'il* parte, mais *avant* *qu'il parte,* etc. Dites : Le renard rôde *alentour.* Je ne l'en aime que *davantage,* etc.

PRINCIPALES REMARQUES SUR L'EMPLOI DE L'ADVERBE.

Quelle différence y a-t-il entre plutôt et plus tôt ?

277. *Plus tôt* éveille une idée de temps ; *plutôt* une idée de préférence : Il s'est levé *plus tôt* qu'à l'ordinaire. *Plutôt* mourir que vivre ainsi.

Quel est l'emploi de aussi, autant ?

278. *Aussi, autant,* s'emploient dans les phrases où l'on compare un objet à un autre : Son cheval est *aussi* beau que le tien. Ce diamant vaut *autant* que ce rubis.

Quel est l'emploi de si, tant ?

279. *Si, tant,* expriment, non plus la comparaison et l'égalité, mais l'intensité, et alors ils sont suivis de *que* : Le vent est *si* grand *qu'il* rompt tous les arbres. Il a *tant* d'amis *qu'il* ne manquera de rien. Tous *tant que* nous sommes.

Voici quelques exemples qui ne sont qu'une application de ce qui précède : Rien ne l'a *tant* affligé *que* ce malheur. Il n'est pas *si* riche *que* vous. (Acad.). Il travaille *aussi* fort *que* possible. Il a *autant* étudié *que* vous. On peut dire *si fort* en peine et *si en* peine ; *si fort en* colère et *si en* colère, etc.

REMARQUE. C'est la conjonction *que,* et non la conjonction *comme* qui sert à unir les deux termes d'une comparaison. Dites : Il est *aussi* grand *que* toi et non il est *aussi* grand *comme* toi.

Quelle différence y a-t-il entre sitôt et aussitôt ?

280. *Sitôt* a le sens de *dès que :*

Sitôt que d'Apollon un génie inspiré
Trouvé loin du vulgaire un chemin ignoré... (Boileau.)

Sitôt se met aussi pour *si vite* :

Seigneur, où courez-vous ? et quels empressements
Vous dérobent *sitôt* à nos embrassements. (Racine.)

Aussitôt signifie *sur l'heure*, dans *le moment même*. Il ne faut pas l'employer comme préposition : *Aussitôt après* votre départ, et non *aussitôt* votre départ. On dira pourtant par ellipse : *Aussitôt* votre lettre reçue, pour aussitôt *que votre lettre aura été reçue*.

Quelle différence y a-t-il entre tout de suite, et de suite ?

281. *Tout de suite* exclut l'idée de délai, d'interruption : Il a couru vingt postes *tout de suite*, sans désemparer. Il faut boire ce vin *tout de suite*, c'est-à-dire *sans délai*.

De suite marque une série non interrompue de faits qui ont lieu l'un après l'autre : Il a fait cent vers *de suite*. Il ne saurait dire deux mots *de suite*.

Quelle différence y a-t-il entre tout d'un coup, et tout à coup ?

282. *Tout d'un coup* signifie en une fois : Il a raflé les dés *tout d'un coup*.

Tout à coup signifie soudainement, en ce moment :

J'ai senti *tout à coup* un homicide acier
Que le traître en mon sein a plongé tout entier. (Racine.)

Quelle différence y a-t-il entre au moins et du moins ?

283. *Au moins* marque une restriction : Si vous ne voulez pas être pour lui, *au moins* ne soyez pas contre.

Du moins marque une réserve dans la pensée :

Du *moins*, si vos respects sont rejetés d'un père,
Vous en pouvez gémir dans le sein d'une mère. (Racine.)

Quelle différence y a-t-il entre pas et point ?

284. *Point* nie plus énergiquement que *pas :*

On ne dort *point,* dit-il, quand on a tant d'esprit. (La Fontaine.)

De même quand on interroge et qu'il y a doute, on met *point :* N'auriez-vous *point* écrit cette lettre?

Sinon, on met *pas :* N'avez-vous *pas* écrit cette lettre?

REMARQUE. I. On peut supprimer *pas* et *point* dans certaines phrases ou après certains verbes : Il n'a *cessé* de dormir. On *n'ose* lui parler. Je *ne puis* y consentir. On dira bien : Je ne *sais pas* l'allemand; on ne peut dire : Je ne *saurais pas en* dire davantage, mais: Je *ne saurais en* dire davantage.

II. *Douter, nier*, pris affirmativement, ne veulent pas *ne* après eux :

Je doute *qu'il pleuve.* Je doute *que le ris* excessif *convienne* aux hommes qui sont mortels. (La Bruyère.)

Mais *douter, nier* veulent *ne* après eux quand ils sont employés négativement ou dans le sens interrogatif; à moins qu'il ne s'agisse d'un fait positif: Je ne doute pas qu'il *n'arrive* aujourd'hui. Doutez-vous *qu'il ne soit* arrivé? Je ne doute pas *qu'il y ait un* Dieu? De même on écrira: *Personne ne nie qu'il y* ait un Dieu. Il s'agit là d'une vérité incontestable.

Quel est l'emploi de ne après les verbes empêcher, prendre garde que, garder que, craindre?

285. Après tous ces verbes *ne* est indispensable dans la proposition subordonnée et dépendante.

Gardez (pour *prenez garde que*) qu'un sot orgueil *ne* vous vienne enfumer. (Boileau.)
Je *crains* que vous *ne puissiez* sortir.

A moins toutefois que la première proposition ne soit négative : Je *ne* crains pas *qu'il vienne.*

Ne s'emploie aussi nécessairement après les locutions à *moins que, de sorte que, de crainte que.*

N. B. Sur tous ces points l'usage en dit plus que toutes les grammaires. (Voir nos *Exercices.*)

CHAPITRE VIII

DE LA PRÉPOSITION.

Qu'est-ce que la préposition?

286. La préposition est un mot *invariable* qui marle rapport qui existe entre deux mots ou deux idées qu'elle unit. Ex. : Le livre *de* Pierre. *De*, préposition, marque le rapport qui existe entre *livre* et *Pierre.* — Le feu vient de prendre *à* la maison voisine. *A*, préposition marque le rapport qui existe entre cette idée le *feu vient de prendre* et cette autre idée *la maison voisine.*

Pourquoi la préposition est-elle ainsi appelée?

287. La *préposition* est ainsi appelée de ce qu'elle est *pré = posée*, c'est à dire *placée* en général *avant* son complément : Vous travaillez *avec* courage. *Avec*, préposition, précède *courage* qui est son complément.

Quels sont les principaux rapports que sert à marquer la préposition?

288. La préposition sert à marquer : 1° un rapport de tendance : Je vais *à* la ville; 2° un rapport d'éloignement : Je viens *de* la ville; 3° un rappport d'opposition : Il marcha *contre* les ennemis; 4° un rapport de supériorité : Paul l'emporte *sur* Pierre; ou bien encore un rapport de *lieu :* Je suis *dans* la ville; de temps : J'arriverai *avant* lui ; de cause : Il travaille *pour* moi ; de manière : Il parle *avec* facilité.

REMARQUE. Dans l'exemple ci-dessus, vous travaillez *avec* courage, la préposition *avec*, jointe au mot *courage*, forme avec ce mot un *complément indirect*.

Qu'est-ce qu'une locution prépositive ?

289. Une locution prépositive est un assemblage de mots qui font l'office d'une préposition.

Citez quelques locutions prépositives ?

290. Telles sont les locutions prépositives, autour de, loin de, près de, quant à, vis-à-vis de, etc.

Quelle différence y a-t-il entre **en** *pronom et* **en** *préposition ?*

291. *En* préposition se distingue de *en* pronom en ce que celui-ci n'a pas de complément et signifie *de lui, d'elle, de cela :* Vous lui *en* parlerez (de cela). J'ai confiance *en* lui (dans qui ? dans lui).

Quelle différence y a-t-il entre au travers et à travers ?

292. *Au travers* veut la préposition *de* après lui : Ils se jetèrent *au travers* des ennemis.

Au travers se dit d'un passage qu'on se pratique à travers des obstacles. Fénelon a pu dire : Tâchez donc de découvrir, *au travers de l'enfance*, si le naturel que vous avez à gouverner manque de curiosité, et s'il est peu sensible à une honnête émulation.

A travers s'emploie sans préposition : Il courut à *travers* les bois.

Quelle différence y a-t-il entre auprès de et près de ?

293. *Auprès de* marque l'assiduité J'ai toujours vécu *auprès de* lui. *Près de* marque le voisinage : Être logé *près de* l'esplanade.

6

Quelle différence y a-t-il entre parmi et entre?

294. *Parmi* précède un nom pluriel ou un nom collectif : *Parmi les ruines, parmi la foule.*

Entre exprime le rapport qui existe entre deux choses ou deux individus : *Entre* Paris *et* Lyon; *entre* eux et nous.

Quelle différence y a-t-il entre près de et prêt à?

295. *Près de*, suivi d'un infinitif, signifie sur le point de : Près d'expirer.

Prêt à signifie préparé, disposé à : Le sage est toujours *prêt à* partir. (La Fontaine.)

Quelle différence y a-t-il entre voici et voilà?

296. *Voici* indique ce que l'on va dire : *Voici* ce qu'il dit. *Voilà* indique ce que l'on a dit : Travaillez, prenez de la peine, *voilà* ce qu'il a dit.

Voici marque surtout l'objet le plus voisin : *Voici* ma plume, *voici* ces messieurs. *Voilà*, l'objet le plus éloigné : *Voilà* votre domaine.

Quelle différence y a-t-il entre vis-à-vis, envers et à l'égard de ?

297. *Vis-à-vis*, employé comme préposition et dans le sens de *en face*, prend *de* après lui : Il se trouva vis-à-vis d'eux, *en face* d'eux.

On dira : Il est dur *envers* les malheureux et non *vis-à-vis de*. Dieu est infiniment bon *à l'égard* des hommes.

REMARQUE. I. Pour l'euphonie, on écrit *jusque* avec un s devant une voyelle : *Jusques au ciel, jusques à quand.*

II. *De* précède quelquefois un adjectif ou un participe passé, et sert à former ainsi certaines locutions elliptiques : Il y a dans ceci quelque chose *de grave*. On dirait *d'un* fou : Quelque chose *qui est grave*; on dirait *qu'il est* fou.

III. On doit toujours répéter devant chaque complément les prépositions *à, de, en* : Il doit sa fortune *à* son

intelligence et *à* son travail. Ce livre a *du bon, du vrai.*
Cette somme consiste *en* argent et *en* billets.

IV. On doit répéter les prépositions lorsque les compléments forment opposition : *Dans* la ville et *dans* la province.
Par la force ou *par* la persuasion.

V. On ne les répète pas, si les compléments sont synonymes : *Avec* force et énergie. *Avec* adresse et intelligence.

CHAPITRE IX

DE LA CONJONCTION.

Qu'est-ce que la conjonction?

298. La conjonction est un mot *invariable* qui marque le rapport qui existe entre les mots ou les propositions qu'elle unit : Pierre *et* Paul. *Et* conjonction marque un rapport et sert comme de lien entre les deux mots *Pierre* et *Paul.*

Si l'on dit : « Comme il voit — dans leurs tanières — les souris étaient prisonnières — elles n'osaient sortir — il avait beau chercher...» Ces membres de phrases n'ont évidemment qu'un rapport très-incomplet entre eux; la conjonction sert donc à les unir, à les lier l'un à l'autre. Tel est le rôle de la conjonction *que* dans les vers que voici :

> « Comme il voit *que* dans leurs tanières
>   Les souris étaient prisonnières,
> *Qu'*elles n'osaient sortir, *qu'*il avait beau chercher,
>   Le galant fait le mort... » (La Fontaine.)

Quelles sont les principales conjonctions?

299. Ce sont : Car, cependant, comme, donc, et, lorsque, mais, ni, ou, quand, quoique, soit, si, etc.

Qu'est-ce qu'une locution conjonctive?

300. Une locution conjonctive est un assemblage de mots qui font l'office d'une conjonction : De même que, parce que, pour que, soit que, tandis que, vu que, etc.

Quelle différence y a-t-il entre ou adverbe et ou conjonction?

301. *Ou* adverbe prend un accent grave (où); ou conjonction n'en prend pas : *Où* est Pierre? —Pierre *ou* Paul.

REMARQUE. *Où* se met aussi pour les pronoms relatifs *lequel, laquelle, lesquels* précédés des prépositions *dans, à, vers,* etc. : Le but *où* il tend (vers lequel). Le piége *où* il s'est laissé prendre (dans lequel).

Quelle est la fonction de la conjonction et?

302. La conjonction *et* sert à lier : 1° deux propositions affirmatives :

Madame, ignorez-vous
Que Thésée est mon père *et* qu'il est votre époux? (Racine.)

2° Deux propositions négatives : Il n'a pas écrit *et* il n'écrira pas.

3° Deux propositions négatives indépendantes : Il n'a rien dit *et* il n'est pas revenu.

4° Deux propositions, dont l'une est négative et l'autre affirmative :

Je crains Dieu, cher Abner, *et n'ai* pas d'autre crainte. (Racine.)

Quel est le rôle de la conjonction ni?

303. 1° Dans cet exemple : « Il ne sait pas que Dieu est bon, *ni* que ses desseins sont impénétrables, » *ni* joint les deux propositions : *Dieu est bon, ses desseins sont impénétrables,* qui toutes deux dépendent de la proposition principale négative : *il ne sait pas. Ni* contient donc deux idées, celle de liaison et celle de négation.

2° *Ni* joint encore les parties semblables d'une proposition négative : Il *n'écoute ni* conseils *ni* prières.

REMARQUE. Lorsqu'on répète *ni*, l'emploi de *pas* et de *point* est vicieux ; mais on dira très-bien :

Ulysse *ni* Calchas n'ont *point* encore parlé. (Racine.)

Quel est l'emploi de plus, moins, précédant deux membres de phrases ?

304. *Plus, moins,* précédant deux membres de phrases, ne doivent pas être unis par *et : Moins* il travaille, *moins* il veut travailler.

Quel est le rôle de la conjonction mais ?

305. *Mais* exprime la restriction ou l'opposition : Il est savant, *mais* un peu diffus.

Vous avez dû premièrement
Garder votre gouvernement ;
Mais ne l'ayant pas fait... » (La Fontaine.)

Quel est le rôle de la conjonction que ?

306. La conjonction *que* joue un grand rôle dans la langue française, et elle entre, ainsi qu'on l'a vu, dans une foule de locutions conjonctives. Une de ses fonctions est de lier si étroitement deux propositions que celle qui en est précédée devient ou le complément direct ou le sujet de l'autre.

1° On dit à ce propos = *qu'un jour ce dieu bizarre* (Apollon) inventa du sonnet les rigoureuses lois.

On dit quoi ? — que ce dieu bizarre, etc. La deuxième proposition est le complément direct de la première.

2° L'opinion commune est *qu'Homère fut aveugle*. Quelle est l'opinion commune ? — *qu'Homère fut aveugle*. La deuxième proposition est le sujet de la première.

C'est dans ce sens que l'on dit : Il est avantageux à tous les gens de bien *que l'État soit sauvé. — L'État être sauvé est avantageux*, etc.

Comme, puisque, marquent la cause. On peut y suppléer en français par l'emploi du participe :

Une vie isolée *étant* pleine d'alarmes, la raison nous avertit de former des liaisons d'amitié = *Comme, puisque* une vie isolée est pleine d'alarmes, etc.

Comme s'emploie quelquefois pour *comment* ou bien dans le sens de *pourquoi* :

Voici *comme* il conta l'aventure à sa mère. (La Fontaine.)
Que parlez-vous ici d'Albe et de sa victoire? (Corneille.)

REMARQUE. I. Tous les adverbes qui servent à interroger, tels sont *pourquoi, quand, comment*, etc., deviennent conjonctions lorsqu'ils sont entre deux verbes : Dites-moi *pourquoi* vous avez fait cette action.

II. *Malgré que* ne s'emploie que dans le sens *de en dépit de : Malgré qu'il en ait*.

III. Remarquez les gallicismes suivants où *que* a toute la force d'une locution conjonctive : Je ne partirai pas *que* tout ne soit en ordre. Approchez *que* je vous parle. (Acad.) *Que* s'il me dit. *Que* mon fils vienne (je veux, j'ordonne *que*.)

CHAPITRE X

DE L'INTERJECTION.

Qu'est-ce que l'interjection?

307. L'*interjection* est un mot *invariable* qui sert à marquer, par lui seul et sans le secours d'aucun autre, les différents mouvements de l'âme.

L'interjection fait-elle partie de la proposition ?

308. L'*interjection* ne fait pas partie de la proposition. Elle ne régit rien et n'est régie par rien.

A quoi équivaut l'interjection ?

309. On peut dire que l'*interjection* équivaut à une proposition entière. Ainsi, quand on s'écrie : *Ah!* c'est comme si l'on disait : *Quelle douleur j'éprouve!*

Citez les principales interjections ?

310. Les principales interjections sont : *bien ! bravo! ah! hélas! holà! oh! ho! fi! çà! courage!* etc.

CHAPITRE XI

ANALYSE GRAMMATICALE ET LOGIQUE.

Qu'est-ce qu'une proposition ?

311. Une *proposition* est l'expression d'un jugement.

Qu'est-ce qu'un jugement ?

312. On appelle *jugement* un fait par lequel on affirme qu'une chose est ou n'est pas, ou bien qu'elle est d'une façon et non d'une autre. (V. nº 150.)

Combien une proposition a-t-elle de termes ?

313. Une *proposition* a trois termes : le *sujet*, le *verbe* et l'*attribut*. (V. nº 151.)

Quelle différence y a-t-il entre une phrase et une proposition ?

314. Une *proposition* n'est qu'une phrase si elle

ne renferme que les trois termes nécessaires pour l'expression d'un *jugement*. Ainsi *Dieu est bon*, c'est à la fois une *phrase* et une *proposition*. Autrement, il ne faut pas confondre la *phrase* avec la *proposition*. Celle-ci n'a rapport qu'aux trois termes de tout jugement; la phrase a surtout rapport à la forme : elle est *grammaticale* et littéraire.

Dans quel sens faut-il entendre la phrase dans ses rapports avec l'analyse grammaticale ou *logique?*

315. Il faut entendre, dans ce sens, qu'elle n'est qu'une proposition *développée*. En effet, si une phrase, à ce point de vue, n'est guère qu'une proposition réduite à ses trois termes, l'attribut pourtant peut être suivi d'un ou de plusieurs *compléments*, soit directs, soit indirects, soit circonstanciels, lesquels ont pour fonction de *développer* la proposition et de lui donner un sens plus *étendu*.

Que faut-il entendre par analyse grammaticale?

316. *Analyser* une phrase et les différents mots qui la composent, c'est ce que l'on appelle *analyse grammaticale*.

Quel est le rôle de l'analyse grammaticale?

317. 1° L'*analyse grammaticale* explique et détermine les mots eux-mêmes, leurs formes et les rapports qu'ils ont entre eux;

2° Elle indique le *genre* et le *nombre* de l'article, du nom, de l'adjectif et du pronom; pour le verbe, elle indique la personne, le nombre, le temps et le mode;

3° Enfin, et c'est par là qu'elle est intéressante, l'*analyse grammaticale* précise le rôle de chaque mot dans la phrase, et détermine s'il est *sujet*, *verbe*, *attribut* ou *complément*.

MODÈLE D'ANALYSE GRAMMATICALE.

I. « Miltiade, par son courage invincible, rendit à la Grèce entière, au combat de Marathon, sa liberté déjà presque détruite. »

Miltiade	nom propre, masc. sing. sujet du verbe *rendit.*
par	préposition qui marque le rapport qui existe entre Miltiade et courage.
son	adjectif possessif masc. sing. *détermine* courage.
courage	nom commun, masc. sing. forme avec la préposition *par* le 1er complément circonstanciel de *rendit.*
invincible	adjectif qualificatif masc. sing. *qualifie courage.*
rendit (pour fut rendant)	verbe actif, 3e pers. du sing. du passé défini, 4e conjugaison.
à	préposition.
la	article simple fém. sing. indique que le mot Grèce est pris dans un sens déterminé.
Grèce	nom propre de pays, fém. sing. forme avec la préposition *à* le complément indirect du verbe *rendit.*
entière	adjectif qualificatif fém. sing. qualifie le mot Grèce.
au	article contracté mis pour *à le* détermine *combat.*
combat	nom commun masc. sing., mis en rapport avec le mot *Marathon* par la préposition *de.*
de	préposition, marque le rapport qu'il y a entre combat et le lieu où il s'est livré.
Marathon	nom propre de pays, masc. sing. forme avec les mots *au combat* un 2e complément circonstanciel de *rendit.*

sa	adjectif possessif fém. sing. détermine *liberté*.
liberté	nom commun fém. sing. complément direct de *rendit*.
déjà	adverbe de temps, modifie *détruite*.
presque	adverbe modifie également *détruite*.
détruite	participe passé passif, fém. sing. du verbe actif *détruire*, 4ᵉ conjug. détermine *liberté*.

II. Analyser les phrases suivantes : « A la mort que l'on mène mon fils » = substituez : j'ordonne, *il* faut. « Il faut travailler avec ardeur » = *il*, pronom, sujet apparent. « Il vint des Thessaliens » = *il*, sujet apparent. « Il s'éleva plusieurs objections » (*id.*). « Ce n'est pas tout que de se repentir, il faut se corriger » = *ce*, pronom, sujet apparent; — *se repentir*, pour que *nous nous repentions*. « Il *fait* chaud » = *faire*, pris abusivement pour le verbe *être*, *avoir lieu*. « Les chaleurs qu'il y a eu » (qui ont été, qui ont eu lieu : *que*, pronom conjonctif pris d'une manière indéterminée; sujet grammatical de *il y a eu*.

III. Analyser les phrases suivantes : Que la nature est admirable! (*Que* pour *combien*, particule d'admiration.) Qu'il fasse ce qui lui plaira! (*Que*, particule de souhait, etc.). Que faites-vous là? (*Que* pour *quelle chose?*) Je sais qu'il en est *d*'autres (*de*, article partitif), etc.

Remarque. On peut dire que la proposition, considérée grammaticalement, a autant de parties que de mots.

Que faut-il entendre par analyse logique?

318. L'*analyse logique* est la décomposition ou l'*analyse* d'une proposition en ses diverses parties. L'analyse d'une proposition *simple* consiste à indi-

quer le sujet, le verbe et l'attribut. (V. nᵒˢ 150, 151.)

Quand dit-on que le sujet est simple?

319. Le sujet est *simple* quand il n'exprime qu'un seul être ou un seul individu : La *vertu* est aimable. *Pierre* est modeste.

Quand dit-on que le sujet est composé?

320. Le *sujet* est *composé* quand il exprime plusieurs êtres ou plusieurs individus : *La vertu et la bonté* sont aimables. *Pierre et Paul* sont modestes.

Quand dit-on que l'attribut est simple?

321. L'*attribut* est *simple* quand il exprime une seule manière d'être du sujet : La patrie est *chère*. Miltiade triompha, c'est-à-dire fut *triomphant*.

Quand dit-on que l'attribut est composé?

322. L'*attribut* est *composé* quand il exprime plusieurs manières d'être du sujet : Dieu est *tout juste* et *tout bon*.

Quand dit-on que le sujet et l'attribut sont incomplexes?

323. Le *sujet* et l'*attribut* sont incomplexes quand ils n'ont aucune espèce de complément qui en dépende ou qui en détermine le sens : *Le ciel* == *est* == *bleu.*

Quand dit-on que le sujet et l'attribut sont complexes?

324. Le *sujet* et l'*attribut* sont complexes quand ils sont accompagnés de compléments soit directs, soit indirects, soit circonstanciels, qui en forment comme les dépendances : La crainte — *de Dieu* est le commencement — *de la sagesse.*

Combien y a-t-il de sortes de propositions?

325. Il y en a plusieurs sortes : 1ᵒ la *proposition*

principale; 2° la *proposition subordonnée;* 3° la *proposition incidente;* 4° et, parmi les *propositions* **principales,** on distingue (mais subtilement) les propositions principales *absolues* ou *relatives, affirmatives* ou *négatives;* et, parmi les *propositions* **incidentes,** celles qui sont *explicatives* ou *déterminatives.*

Voir l'étude de la *proposition* et des *propositions,* et sur la liaison des *propositions* entre elles (2ᵉ partie, *Remarques sur le verbe*).

MODÈLE D'ANALYSE LOGIQUE.

Si l'on analyse *logiquement* la phrase citée plus haut, on a : 1° pour sujet, *Miltiade;* 2° pour verbe et attribut, *rendit* (fut *rendant*); 3° pour complément direct de l'attribut *rendant* — *la liberté presque détruite;* 4° pour complément indirect, *à la Grèce entière;* 5° pour compléments circonstanciels, *par son courage invincible* = *au combat de Marathon.*

(Voir dans nos *Exercices* des modèles d'analyse grammaticale et logique.)

CHAPITRE XII

DE LA PONCTUATION.

I. La *virgule* sert à séparer les divers membres de phrase ou même de simples mots : « Si on enchaîne étroitement ses pensées, si on les serre, le style devient ferme, nerveux, concis. » (Buffon.)

On ne met pas de *virgule* entre deux propositions ou membres de phrases unis directement par les conjonctions *et, ni, ou* : « Ma sœur *et* moi nous par-

tons. » « Cet homme ne craint *ni* peine *ni* travail. »
« Est-ce vous *ou* moi que l'on appelle? »

On met entre deux *virgules* les membres de phrase
que l'on peut supprimer sans nuire à la clarté ou sans
altérer le sens de la proposition principale : « La pa-
resse, *qui est une langueur de l'âme*, est une source
inépuisable d'ennuis. » (Fénelon.) « Le ciel, *qui était
couvert*, s'est éclairci ce matin. »

> N'osez-vous, *sans rougir*, être père un moment? (Racine.)

La *virgule* marque le repos :

> Juste ciel, c'est ainsi qu'assurant ta vengeance,
> Tu romps tous les ressorts de ma vaine prudence !

et se place après les mots mis en apostrophe :

> Seigneur, honorez moins une faible conquête. (Racine.)

La virgule tient lieu d'un verbe supprimé par
ellipse dans le second membre de phrase : « On a toujours raison, le destin, toujours tort. » Le *destin a*
toujours tort.

II. Le *point-virgule* sépare les propositions qui ont
une certaine étendue et qui s'unissent l'une à l'autre
pour compléter le sens : « Ces hommes sentent vivement, s'affectent de même, le marquent fortement au
dehors; et, par une impression mécanique, ils trans-
mettent aux autres leur enthousiasme et leurs affec-
tions. » (Buffon.)

Il se met là où la virgule suffirait si les membres de
phrase n'avaient un certain développement : « C'est
par cette raison que ceux qui écrivent comme ils
parlent, quoiqu'ils parlent très-bien, écrivent mal ;

que ceux qui s'abandonnent au premier feu de leur imagination prennent un ton qu'ils ne peuvent soutenir; qu'en un mot il y a tant d'ouvrages faits de pièces de rapport, et si peu qui soient fondus d'un seul jet. » (Buffon.)

En un mot, le *point-virgule* sépare les divers développements d'une pensée.

III. Les *deux-points* précèdent une énumération ou une citation. Ils précèdent aussi le développement d'une pensée : « Les ouvrages bien écrits seront les seuls qui passeront à la postérité : la quantité des connaissances, la singularité des faits, la nouveauté même des découvertes, ne sont pas de sûrs garants de l'immortalité. » (Buffon).

> Il faut autant qu'on peut obliger tout le monde :
> On a souvent besoin d'un plus petit que soi.
> (La Fontaine.)
> Dieu dit : Que la lumière soit, et la lumière fut.

IV. Le *point* annonce un sens fini : « Le style n'est que l'ordre et le mouvement qu'on met dans ses pensées. »

V. Le point *interrogatif* se met à la fin d'une phrase qui exprime l'idée d'une interrogation.

> Ai-je besoin du sang des boucs et des génisses? (Racine.)

VI. Le point *exclamatif* se met à la fin d'une phrase qui exprime un sentiment d'admiration, de douleur, d'étonnement ou même d'ironie.

> Et voilà donc l'hymen où j'étais destinée! (Racine.)
> Une reine à mes pieds se vient humilier!   (id.)
> On me ferme la bouche! on l'excuse! on le plaint! (id.)

Qu'appelle-t-on synonymes?

326. Ce sont deux ou plusieurs mots qui, différents par la forme, expriment le même sens et peuvent être employés indistinctement l'un pour l'autre.

Citez quelques synonymes?

327. Tels sont : *cap* et *promontoire; hypothèse* et *supposition; immortel* et *impérissable; péninsule* et *presqu'île; vaillant* et *courageux,* etc.

Qu'appelle-t-on homonymes?

328. Ce sont des mots qui se prononcent de même, soit en s'écrivant différemment : *cours* (lieu de promenade) et *cour* (espace découvert entouré de murs); *mer, mère* et *maire;* soit en signifiant des choses différentes, comme : *port* (abri pour les vaisseaux), *port* (manière de se tenir en marchant); *livre* (poids) et *livre* (qu'on lit); *neuf* (chiffre) et *neuf* (nouveau). (V. nos Exercices.)

DEUXIÈME PARTIE

CHAPITRE I

DU DISCOURS.

Pour mieux guider l'esprit dans l'étude de cette *deuxième* partie, et en même temps pour y mettre plus de méthode, nous étudierons, en les faisant cadrer avec les différents chapitres qui composent la 1re partie, les difficultés qui suivent et qui se *rattachent presque toutes* à ce qu'on a vu précédemment.

Qu'entendez-vous par le mot discours ?

329. En termes de grammaire, le *discours* est une suite, un assemblage de mots, de phrases qu'on emploie pour exprimer sa pensée, pour exposer ses idées, soit de vive voix, soit par écrit.

Qu'est-ce que le discours ou style direct ?

330. Le *discours* ou *style* **direct** est la citation des paroles mêmes **qui** ont été prononcées par quelqu'un dans telle ou telle circonstance, soit réellement, soit par une supposition de l'écrivain. Ex. « : J'envoie mon ange, *dit le Seigneur*, pour me préparer les voies ; et incontinent vous verrez arriver dans son saint temple le Seigneur que vous cherchez et l'ange de l'alliance que vous désirez. »

Qu'est-ce que le discours ou style indirect ?

331. Le *discours* ou *style* est **indirect**, lorsqu'au lieu de rapporter les paroles mêmes et de mettre pour ainsi dire en scène celui qui les a prononcées ou à qui on les attribue, on en fait une sorte de récit. Ex. :

> « Et le financier se plaignait
> Que = les soins de la Providence
> N'eussent pas au marché fait vendre le dormir,
> Comme le manger et le boire. »
>
> (La Fontaine.)

Remarque I. Lorsque l'on rapporte la pensée que l'on a eue soi-même ou le langage qu'on a tenu dans une circonstance antérieure, le discours peut affecter l'une ou l'autre forme. Ex. : « Je vous disais : les chances de l'avenir **sont incertaines**; — je vous disais **que les chances de l'avenir sont incertaines.** »

II. Le discours ou style est encore **indirect**, lorsqu'en s'adressant à une personne, au lieu de lui dire, par exemple : **Viendrez-vous ?** on lui dit : Dites-moi si **vous viendrez?**

III. Le goût décide et le tact s'il vaut mieux, dans un récit, employer la forme *directe* ou la forme *indirecte;* la première est de beaucoup la plus ordinaire et la plus vive.

CHAPITRE II

REMARQUES SUR L'ARTICLE.

Quelle est la véritable fonction de l'article?

332. L'*article*, que quelques grammairiens confondent avec l'*adjectif*, est pourtant bien une des **dix** parties du discours. Placé devant les noms *communs* ou employés comme tels, il marque avec plus de précision qu'ils sont employés dans un sens **déterminé** ou

qu'ils expriment une notion présente à l'esprit de tout
le monde. Ainsi *tableau*, *paysage*, sont des noms par
eux-mêmes *indéterminés;* mais si je dis : le *tableau*,
le *paysage*, il est clair que ces mêmes noms précédés
de l'article *le* prennent tout de suite un sens déterminé
et précis.

*Est-il des cas où l'emploi d'un seul article donne à la
phrase plus de rapidité?*

333. Pour donner à la phrase plus de concision et
de rapidité, on remplace deux articles au singulier par
un seul article au pluriel. Au lieu de dire : La *langue
grecque et* la *langue latine sont proprement des langues
classiques*, on dira : Les *langues grecque et latine*, etc.

Peut-on quelquefois supprimer l'article?

334. En français, la suppression de l'*article* donne
quelquefois à la phrase un ton vif et original; il y en a
de nombreux exemples dans La Fontaine, ainsi que
dans les proverbes et dictons populaires :

> Plus fait douceur que violence.
> Pour un pauvre animal,
> Grenouilles, à mon sens, ne raisonnaient pas mal.

REMARQUE. On peut supprimer l'article dans une énumération. Ex. : Prières, offres, menaces, rien ne l'a ému.
On supprime également l'article après les partitifs *autant
de, beaucoup de, combien de, peu de, quantité de*, etc. : Nous
n'aurons jamais *assez de* place pour loger *tant de* monde.
Il a *peu de* bonheur dans *une foule* d'entreprises. Mais on
l'exprime après les mots *bien de, la plupart de* : Il y *a bien
des* hommes pour qui la fortune est un funeste avantage.
La phrase peut être modifiée par l'ellipse de l'article :
Demander *raison* d'une affaire. Je lui demandai la *raison*
de ce phénomène.

§ 1. EMPLOI DE L'ARTICLE DU, DE LA, DES, DEVANT UN NOM PRIS DANS UN SENS PARTITIF.

Quand fait-on usage de l'article?

335. On fait usage de l'*article* quand le nom est employé dans un sens déterminé; sinon on met *de*, si le nom est pris dans un sens vague, indéfini : Les premiers hommes vivaient *de* fruits (sens vague). Les premiers hommes se nourrissaient *des* fruits de la terre (sens déterminé).

Quel est l'emploi de l'article du, de la, des, *devant un nom pris dans un sens partitif?*

336. On emploie *du, de la, des,* devant un nom pris dans un sens partitif, c'est-à-dire qui marque une partie du tout : Servez-moi *de la* viande (quelque viande, une certaine quantité de viande).

Qu'arrive-t-il si le nom est déjà déterminé par l'adjectif?

337. Dans ce cas, on supprime l'article, et on emploie la préposition *de :* « nous nous faisons *de* fausses idées des choses. » (Massillon.) A moins qu'on ne veuille donner au nom un sens très-précis et très-particulier : « Livrez-moi *du bon blé.* »

Si le nom et l'adjectif forment une sorte de mot composé, on emploie l'article : *Des petits-enfants, des grands hommes,* etc.

§ 2. EMPLOI DE L'ARTICLE DANS LES PHRASES.

Quel est l'emploi de l'article dans les phrases négatives?

338. Quand la phrase est *négative,* on supprime l'article : *Je n'ai pas de santé. Il n'a pas d'argent.* Mais si la phrase, sous une forme négative, renferme un sens affirmatif, on rétablira l'article : *Que me fait-il ? N'ai-je pas des amis, de la santé?* Toutefois, Racine *a dit :*

Madame, je n'ai point des *sentiments si bas.*

Enfin, dans les phrases interrogatives, on emploie ou non l'article, selon qu'on veut exprimer un fait positif ou douteux : *N'avez-vous pas des amis à votre service?*

§ 3. RÉPÉTITION DE L'ARTICLE.

Dans quel cas répète-t-on l'article?

339. L'*article* se répète devant chaque nom employé comme sujet ou comme régime : *Les* capitaines et *les* soldats ont ravagé *les* villes et *les* villages de ce département.

Si deux adjectifs unis par *et* ne qualifient qu'un seul et même sujet, on ne répète pas l'*article* : *Le sage et vaillant* général à qui le pays doit sa sûreté s'est-il frayé un chemin à l'élévation par une valeur indiscrète? (Massillon.)

De même on ne répète pas l'*article* devant deux noms synonymes ou qui désignent le même être : Il invitait à sa table *les ducs et pairs.*

L'usage a consacré les expressions suivantes : L'école des *Arts et Métiers.* L'instruction des *sourds et muets.* Honore tes père et mère.

CHAPITRE III

REMARQUES SUR LE NOM OU SUBSTANTIF.

N'y a-t-il que le verbe qui soit susceptible de complément?

340. Sont susceptibles de **complément** le *nom ou substantif, l'adjectif et le verbe.*

Comment s'exprime en français le complément du nom?

341. En général, il s'exprime au moyen de la préposition *de*. Ex. : *Le cheval* de *votre frère est plus beau que celui* de *votre oncle. De votre frère, de votre oncle* déterminent, en le complétant, le sens du mot *cheval.*

Ce complément peut-il être un infinitif pris substantivement ?

342. Oui. Ex. : *Sa manière* de faire *vaut mieux que la vôtre.*

Remarque I. Dans certaines phrases, le nom, au lieu d'être suivi de la préposition *de*, conserve la préposition du verbe d'où il dérive.

L'obéissance au *prince est le devoir de tous.* On dit : *obéir à.*

II. Quand deux noms sont liés par une préposition (*de* ou *à*), le second prend la marque du singulier ou du pluriel, selon qu'il renferme une idée d'unité ou de pluralité. On dira : *un marchand d'*estampes, parce que le mot *estampes* représente une collection d'objets; mais on dira : *un marchand de* vin, parce que le mot *vin* exprime l'idée d'un tout. C'est par l'usage qu'il faut résoudre ces difficultés de la langue. (V. nos Exercices.)

Le nom propre est-il toujours le nom particulier d'un seul être ou d'un seul objet?

343. *Le nom propre* peut être accidentellement le nom de *plusieurs* êtres ou de *plusieurs* objets, car plusieurs personnes peuvent s'appeler Paul ou Pierre; plusieurs villes peuvent s'appeler Condé ou Valence.

Remarque. Lorsque le nom partitif est suivi d'un complément, c'est le complément qui détermine à quel nombre il faut mettre le verbe, à quel genre l'adjectif :

Force gens ont été l'instrument de leur mal.
(La Fontaine.)

Même règle lorsque le complément est sous-entendu :

Beaucoup sont entrés et peu sont sortis. La plupart n'ont pas réussi.

Qu'est-ce qu'un nom abstrait?

344. C'est celui qui désigne une qualité considérée toute seule et séparée du sujet où elle existe. Ces sortes de mots sont assimilés à un être qui subsiste par lui-même, c'est-à-dire à un substantif. Ex : le *blanc*, le *beau*. Envisagés ainsi isolément, les adjectifs qualificatifs ont pris dans les diverses langues, à l'aide de certaines modifications dans la terminaison, la forme des substantifs. Ainsi le *blanc* devient la *blancheur ;* le *beau*, la *beauté*.

Remarque. C'est à cause de cette affinité, sans doute, que les grammairiens grecs avaient fait du substantif et de l'adjectif une seule et même partie du discours.

Qu'est-ce que l'apposition?

345. L'*apposition* est une sorte d'épithète prolongée, qui du second substantif fait un attribut, et fortifie ainsi le jugement. Comme elle joue le rôle d'adjectif, elle doit, en principe, être du même genre et du même nombre que le substantif ou le pronom :

Ils virent à l'écart une pauvre cabane,
Demeure hospitalière, humble et chaste maison.
(La Fontaine.)
Hippolyte lui seul, digne fils d'un héros... (Racine.)

Remarque I. Assez souvent le genre ou le nombre diffèrent, surtout lorsque l'apposition est marquée par un nom abstrait : *Des titres, des inscriptions,* **vaine marque** *de ce qui n'est plus.* (Bossuet.)

II. L'apposition sert quelquefois de qualificatif ou de déterminatif, non à un substantif ou à un pronom, mais à toute une phrase; alors le substantif est ordinairement accompagné d'un adjectif : *Son roi même l'honore de ses regrets et de ses larmes :* **grande et précieuse marque** *de tendresse et d'estime pour un sujet.* (Fléchier.)

III. Un substantif peut devenir adjectif dès qu'il sert à marquer la qualité d'une personne ou d'une chose, c'est-à-dire à qualifier un autre nom : *Philippe était roi, Constantin empereur.*

Quel est le genre de quelque chose?

346. Quelque chose, employé comme un seul mot, est toujours masculin : *S'il vous manque* **quelque chose,** *je vous* le *donnerai. On m'a dit* **quelque chose** *qui est fort* **plaisant.**

CHAPITRE IV.

REMARQUES SUR L'ADJECTIF.

Quelle différence fondamentale y a-t-il entre l'adjectif et le nom substantif?

347. *Le nom adjectif* désigne les êtres par l'idée de leurs qualités, et le *nom substantif* les désigne par le nom de leur nature, de leur *substance* même. Ce n'est que par rapport au sens particulier et à l'usage grammatical qu'on distingue les adjectifs qualificatifs, c'est-à-dire les *adjectifs* proprement dits et les adjectifs *déterminatifs.*

Un adjectif peut-il devenir substantif?

348. Oui, lorsque cessant de qualifier un nom, il

exprime seul et le nom et la qualité qui lui convient. Ex. : *le sage, le juste ; les sages, les justes.*

L'adjectif s'accorde-t-il toujours en genre et en nombre avec le sujet de la proposition ? Quelles sont les exceptions ?

349. 1° Dans l'expression *avoir l'air,* l'adjectif qui suit peut s'accorder avec le mot *air* ou avec le sujet de la proposition. Si la qualité peut convenir au mot *air, avoir l'air* signifie alors *avoir les dehors, la mine,* et l'adjectif s'accorde avec le mot *air.*

Ces femmes ont l'air spirituel et fin.

2° Si *avoir l'air* a le sens de *paraître, sembler,* la qualité ici ne convient qu'à la personne qui forme le sujet de la proposition, et c'est avec le sujet qu'a lieu l'accord.

Cette femme a l'air contrefaite.

C'est comme s'il y avait : *a l'air d'être contrefaite.*

Comment s'exprime en français le complément de l'adjectif ?

350. Il s'exprime par la préposition **à** ou **de** qui unit l'adjectif au nom qui suit. Ex. : L'exercice est *nécessaire* à la santé.

L'adjectif peut-il avoir un infinitif pour complément ?

351. Oui. Le complément d'un *adjectif* peut être un *infinitif* pris substantivement. Ex. : le sage est toujours *prêt à partir* = *au départ.*

Cependant si l'on dit : *il est honteux* **de mentir** *pour échapper à la peine, de mentir* n'est pas le complément de l'adjectif *honteux;* c'est comme s'il y avait : *mentir pour échapper à la peine* **est honteux.**

Remarque. Il est quelquefois indifférent que l'adjectif soit avant ou après le substantif : *véritable ami, ami véri-*

table; savant homme, homme savant. D'autres fois, l'usage lui assigne la première place : *cher ami, beau jardin, triple alliance;* ou bien la deuxième : *bonnet blanc, sciences exactes.*

Comment s'exprime en français le comparatif d'égalité avec les adjectifs?

352. Il s'exprime à l'aide des adverbes *autant, aussi : Le bœuf est aussi patient que le mouton; Racine s'est illustré autant que Corneille.*

Comment s'exprime le rapport de supériorité?

353. Il s'exprime par l'adverbe *plus : L'or est plus pesant que le plomb.*

Comment s'exprime le rapport d'infériorité?

354. Il s'exprime par l'adverbe *moins : Bourdaloue est moins éloquent que Bossuet.*

Remarque I. Il y a trois degrés de comparaison. Ce sont : le positif, *bon;* le comparatif, *meilleur;* le superlatif, *très-bon, excellent.*

II. Le participe remplace souvent le substantif et montre plus vivement l'action :

Une maille rompue emporta tout l'ouvrage. (La Fontaine.)
= *la rupture d'une maille, etc.*

III. L'adjectif numéral *cardinal* s'emploie souvent pour l'adjectif numéral *ordinal : Il est six heures,* au lieu de : *il est la sixième heure;* le *deux mars,* pour le *deuxième de mars;* l'an *mil huit cent soixante,* pour l'an *mil huit cent soixantième.*

L'usage a consacré *vingt et un, trente et un,* etc.; mais il faut dire *vingt-deux, trente-trois.* On peut dire *soixante-dix* et *soixante-et-dix.* On dit *soixante-et-onze,* mieux que *soixante-onze.*

Dans quels cas faut-il écrire leur *au singulier et* leurs *au pluriel?*

355. C'est par l'idée de pluralité renfermée dans la

phrase qu'il faut distinguer *leur* et *leurs*. Ainsi dans ces phrases : *Ces jeunes filles avaient des roses sur leurs chapeaux. Toutes les dames étaient accompagnées de leurs maris,* il n'y a pas de doute, *leurs* doit prendre la marque du pluriel. On écrira *leur* invariable dans ces phrases : *Ces enfants portent sur* **leur** *front le caractère de l'innocence.*

Certaines peuplades sauvages ornent **leur** *tête de plumes brillantes.* A défaut d'une règle certaine, c'est le bon sens qui en décide. (Voir nos Exercices.)

CHAPITRE V.

REMARQUES SUR LE PRONOM.

Il ne faut pas confondre les adjectifs *déterminatifs* soit démonstratifs, soit possessifs, soit interrogatifs ou indéfinis, avec les pronoms du même genre.

Y a-t-il des pronoms démonstratifs?

356. Il y a non-seulement des *adjectifs* mais encore des *pronoms* et des *adverbes* démonstratifs. Les *pronoms démonstratifs* sont : *celui, celle, ceux, celui-ci, celui-là, ceci, cela.*

Peut-on quelquefois supprimer **celui, celle,** *dans certaines phrases?*

357. On peut supprimer le pronom démonstratif dans les phrases proverbes ou à tour sentencieux. Ex. : **Qui** *travaille prie.* C'est ce qu'on appelle *qui absolu.*

Quelle différence y a-t-il entre l'adjectif et le pronom possessif?

358. Le premier détermine le nom comme ferait tout autre *adjectif*. *Voici* mon *fils.* Le pronom possessif rappelle le substantif, et, à ce titre, il est pronom. *Voici le* **vôtre.**

REMARQUE I. On dit encore familièrement : un *mien ami,* un *sien cousin.*

II. Comme les adjectifs possessifs dérivent par le sens aussi bien que par la forme des pronoms personnels, on les appelle souvent *adjectifs pronominaux possessifs.*

Quelle différence y a-t-il entre qui et que interrogatifs ?

359. *Qui* signifie *quelle personne,* et ne s'applique jamais aux choses.

Qui *cherchez-vous ?* dites-moi **qui** vous cherchez.

Que interrogatif se dit seulement des choses; il signifie *quoi, quelle chose.* **Que** *dites-vous ? je ne sais* **que** *résoudre.*

REMARQUE I. *Que* interrogatif s'emploie aussi pour : de *quelle chose,* à *quelle chose.* « **Que** » sert l'esprit sans le travail ?

II. *Dont* se dit des personnes et des choses quand il marque la relation : L'homme *dont* je vous parle. La plume *dont* je me sers. *Dont,* marquant l'extraction, l'origine, ne se dit que des personnes ou des choses personnifiées.

Ex. : La maison *dont* il sort est très-ancienne. Les aïeux *dont* il descend sont illustres.

Citez quelques pronoms indéfinis?

360. *Chacun, quelqu'un, l'un, l'autre, quiconque,* sont des pronoms indéfinis. Il en est de même de *celui et tel,* suivis d'un relatif.

REMARQUE I. *On* désigne vaguement tel ou tel individu; *l'on* embrasse la généralité des hommes.

II. *Lui, leur*, pronoms personnels, s'emploient quelquefois en parlant des objets ou des animaux. La raison en est que la langue française n'ayant pas le genre neutre, *lui, leur* ont souvent la valeur de : *à cela, à ces choses.*

Le travail est nécessaire aux hommes, je **lui** *dois mon bonheur.*

*Ces oiseaux maigrissent en cage, donnez-***leur** *la liberté.*

III. Le pronom personnel, employé comme sujet, se répète avant chaque verbe, quand on passe d'une proposition négative à une proposition affirmative, et réciproquement.

Vous *m'avez offert votre canif, et* **vous** *ne me le donnez pas.*

Cependant, on dira fort bien : **Il** *veut et ne veut pas.*

IV. *Il*, répété, peut faire équivoque; il doit se rapporter, en tous cas, à son sujet, et non tantôt à l'un, tantôt à l'autre.

V. Comme il y a des noms composés, il y a des pronoms personnels composés. Ainsi : *moi-même, toi-même, lui-même, nous-mêmes, vous-mêmes,* etc.

Quelle différence y a-t-il entre quoi que et quoique?

361. **Quoi que**, en deux mots, signifie quelque chose que, et a la valeur d'un pronom; **quoique**, en un seul mot, est conjonction.

Remarque. **Quoi** est aussi particule admirative et sert à marquer l'étonnement, l'indignation : **Quoi!** vous avez fait cette imprudence ?

Le pronom peut-il tenir la place d'un nom indéterminé ?

362. Le *pronom* doit toujours tenir la place d'un nom *déterminé* que précède alors ou l'article ou l'adjectif déterminatif. On ne dira pas : *Il a bâti* **fortune** *et la doit à son mérite;* mais : *Il a bâti* **sa** *fortune, et il* la *doit à son mérite.*

Les pronoms en, y, ne s'emploient-ils pas quelquefois d'une manière absolue?

363. *Les pronoms* **en, y,** s'emploient quelquefois d'une manière absolue; c'est lorsqu'ils ne rappellent aucun nom exprimé dans la phrase. Ex. : *Il m'*en coûte de le déclarer, mais je ne vous **en** *imposerai pas. Il faut* **en** *finir. Il* **y** *va de ta réputation. Il* **y** *a des gens qui l'estiment.*

CHAPITRE VI.

REMARQUES SUR LE VERBE.

A l'étude du verbe se rattache l'étude de la *proposition.*

On a vu que la *proposition,* qui n'est que l'expression d'un jugement, se compose de trois termes : le *sujet,* le *verbe* et l'*attribut.* (V. n° 151.)

Ces trois termes ne sont pas nécessairement exprimés par trois mots distincts. Quelquefois le verbe et l'attribut sont renfermés dans un seul et même mot ; ainsi : *je marche,* qui est mis pour *je suis marchant.* (V. n° 153.)

Les trois termes sont-ils quelquefois, en français, compris dans un seul mot?

364. Quelquefois le sujet *seul* ou l'attribut *seul* se trouve exprimé : alors il y a *ellipse* des deux autres termes ; mais il faut pour cela que l'on puisse les suppléer facilement d'après ce qui précède. Dans Corneille, la confidente de Médée demande à cette reine : « Dans un si grand revers que vous reste-t-il? — *Moi,* » répond Médée.

Ici le verbe et l'attribut *reste* doit être suppléé.

Chacun des termes de la proposition ne peut-il pas avoir un complément?

365. Chacun des termes de la proposition peut avoir dans sa dépendance des mots qui le déterminent et *le complètent. La miséricorde de Dieu est infinie.* Dans cette proposition, les mots *de Dieu* sont une dépendance du sujet *miséricorde.* Les mots accessoires s'appellent *compléments.*

Qu'appelle-t-on propositions coordonnées ?

366. Ce sont deux ou plusieurs *propositions* unies entre elles à l'aide de conjonctions ou d'adjectifs conjonctifs.

Ex. : « Vous voyez *comme* les empires se succèdent les uns aux autres, et *comme* la religion, dans ses différents états, se soutient également depuis le commencement du monde jusqu'à notre temps. » (Bossuet.)

Qu'appelle-t-on proposition incidente?

367. C'est une *proposition* subordonnée, enclavée entre les termes de la proposition dont elle dépend. Ex. : « La terre, = *qui tout à l'heure n'était qu'un chaos,* = est un séjour délicieux où règnent le calme et l'harmonie. »

Cette proposition *incidente* s'appelle *explicative.*

RÉMARQUE. Il ne faut pas confondre avec la proposition incidente la petite phrase qu'on nomme *incise.* Il y a deux *incises* dans les vers que voici :

> Assez d'autres viendront, *à nos ordres soumis,*
> Se couvrir des lauriers qui vous furent promis,
> Et, *par d'heureux exploits forçant la destinée,*
> Trouveront d'Ilion la fatale journée.
>
> (Racine.)

Qu'est-ce que la proposition infinitive?

368. L'*infinitif* avec son sujet remplace quelquefois, pour rendre la phrase plus vive, la conjonction *que* suivie d'un verbe à un mode personnel. C'est ce qu'on appelle *proposition infinitive*. Il sent *que* sa fin *approche*. On dit mieux : *Il sent approcher sa fin.*

Remarque I. Quelquefois l'infinitif n'est pas accompagné de son sujet. En analyse, cet infinitif est un simple complément. Ex. : Nous *jurons de mourir* pour la patrie. Nous jurons quoi? *de mourir.*

II. Il faut éviter l'équivoque en ces sortes de phrases et prendre un autre tour.

Dieu nous donne des biens *pour faire* des heureux. On ne sait si c'est à *Dieu* ou à *nous* que l'infinitif *faire* se rapporte. Il faut donc tourner par *que* et un mode personnel : = pour que nous *fassions.*

III. Enfin, dans les phrases exclamatives, l'infinitif employé seul donne beaucoup de vivacité à la phrase.

Ex. : Moi me *parjurer*, jamais!

Qu'est-ce que la proposition participe?

369. La *proposition* circonstancielle, au lieu de s'exprimer par une conjonction et un mode personnel, s'exprime quelquefois par le *participe* présent ou passé.

Eux repus, tout s'endort, les petits et la mère. — *Lorsqu'ils furent repus.*

Le ciel aidant, je terminerai ce travail. — *Si le ciel aide.*

Qu'est-ce que le verbe substantif?

370. On appelle *verbe substantif* ou *essentiel* celui qui sert de *substance* à tous les autres verbes : ce verbe, c'est le verbe *être*. Tous les autres verbes sont appelés *verbes attributifs* ou *verbes adjectifs*. (V. n° 152.)

Quelle est la fonction du verbe attributif?

371. Tout *verbe attributif* exprime soit *l'action,* soit *l'état* du sujet.

Cependant le français n'a pas de verbes qui expriment proprement *l'état.* Ainsi, nous sommes bien forcés de dire : cet arbre *est en fleur.* Cette porte *est ouverte;* ici encore c'est le verbe *être* qui aide aux autres verbes à marquer *l'état.*

Quelle différence y a-t-il entre l'adjectif et l'attribut ?

372. Dans cette phrase : Dieu est *bon,* il y a un mot *bon* qui est à la fois adjectif et attribut, adjectif au point de *vue grammatical;* attribut *au point de vue de la proposition logique* dont il forme le 3ᵉ terme.

Supprimez le 2ᵉ terme *est*, l'on n'exprime plus qu'une simple *qualité* qui convient au nom, et dès lors il est *adjectif;* tandis que dans cette proposition : *Dieu* est *bon,* bon exprime la qualité sans doute, mais la *qualité qu'on affirme* du sujet.

Qu'appelle-t-on verbes auxiliaires ?

373. Ce sont les *verbes* qui entrent dans la conjugaison de certains temps dépourvus d'une forme *simple.*

Combien y a-t-il de verbes auxiliaires?

374. Il y en a deux, le verbe *avoir* et le verbe *être.* (V. nᵒ 154.)

Quels temps sert à former le verbe avoir?

375. Il aide à former le passé indéfini, le passé antérieur, le plus-que-parfait, le futur passé, le conditionnel passé, le parfait et le plus-que-parfait du subjonctif, le passé de l'infinitif et du participe, en y joignant le participe passé du verbe conjugué.

Dans la composition de quels temps et de quels verbes entre le verbe être?

376. Le *verbe être* aide à former les temps composés d'un certain nombre de verbes neutres et de tous les verbes pronominaux : *je suis tombé; étant venu; vous serez arrivés; nous nous étions promenés; vous vous seriez blessés,* etc.

Le *verbe être,* accompagné du participe passé, constitue la conjugaison *passive : Il est estimé; je suis tourmenté; je fus surpris,* etc. (V. nº 210.)

REMARQUE. On range aussi parmi les auxiliaires les verbes *aller, devoir* et *faire.*

Quelle différence y a-t-il entre le complément grammatical d'un verbe et le complément logique?

377. Dans cette phrase : *J'adore le Dieu de mes pères,* le *complément logique du verbe j'adore* est *le Dieu de mes pères;* le *complément grammatical* est simplement *Dieu.* Le *complément logique* est donc la réunion de tous les mots qui servent à *compléter* la signification d'un autre mot; le complément *grammatical* est le mot qui exprime l'idée principale dans cet assemblage.

De combien de compléments le verbe est-il susceptible?

378. De trois sortes de *compléments :* le *complément* direct, le *complément* indirect et le *complément* circonstanciel. (V. nᵒˢ 157, 158, 159.)

REMARQUE. I. Il n'est pas indifférent d'écrire la préposition *à* ou *de.* Ainsi : *commencer à* n'est pas la même chose que *commencer de.* Il y a là une nuance qu'il faut remarquer. Il en est de même des verbes *espérer, continuer, emprunter*, etc., et d'autres que l'usage indique, ainsi que les bons écrivains.

II. *Ne servir à rien* indique qu'une chose n'a aucune destination actuelle : Ce sol est fertile; mais négligé comme il l'est, il *ne sert à rien*.

Ne servir de rien indique que la chose est absolument nulle quant à l'usage qu'on en peut faire. *Il ne sert de rien* de tenter l'impossible.

III. Remarquez bien les nuances qui existent entre : *aider quelqu'un* et *aider à quelqu'un; insulter quelqu'un* et *insulter à quelqu'un; atteindre une chose* et *atteindre à*, etc.

COMPLÉMENTS CIRCONSTANCIELS.

Qu'appelle-t-on complément circonstanciel ?

379. On désigne ainsi les mots qui complètent le sens en indiquant le lieu, le temps, le nombre de fois, le motif, la manière, le moyen.

Voici une phrase de Buffon qui renferme un certain nombre de compléments circonstanciels :

« Il ne reste quelques vestiges de la merveilleuse industrie des castors que *dans des contrées* (le lieu) éloignées et désertes, ignorées de l'homme *pendant une longue suite de siècles* (le temps), *où* (le lieu) chaque espèce pouvait manifester *en liberté* (la manière) ses talents naturels, et les perfectionner *dans le repos* = *en se réunissant en société durable* (le motif, le moyen).

Les mots qui forment ces compléments sont donc comme autant de *circonstances* qui modifient le sens et la valeur des phrases.

Les plus ordinaires sont les compléments de *temps* et de *lieu*.

CONCORDANCE DES TEMPS.

Quelle est la règle à suivre pour savoir si le verbe d'une proposition subordonnée doit être à l'indicatif ou au subjonctif?

380. Si l'on regarde comme *positif* ce qui est exprimé dans la *proposition* **subordonnée**, on met le verbe de cette proposition au *mode indicatif*. Ex. :

On croira que vous ne **savez** *pas votre grammaire.*

Je sais bien que Dieu **est** *présent partout.*

Si l'on regarde comme *douteux* ce qui est exprimé dans la proposition **subordonnée**, on met le verbe de cette proposition au *mode subjonctif*. Ex. :

Je doute qu'il **pleuve.**

Il veut qu'on le **suive** *en tout point.*

Il est bon que vous **fassiez** *votre possible pour venir.*

REMARQUE I. Appliquez la même distinction quand la proposition principale est interrogative, à moins que l'interrogation ne soit qu'apparente; alors le verbe se met *toujours* à l'indicatif.

Oubliez vous que Dieu vous *voit*, vous *suit* et vous *observe?*

II. C'est encore par une distinction semblable que l'on écrira l'indicatif ou le subjonctif : 1° après *il semble*, *il me semble;* 2° après les *pronoms conjonctifs;* 3° après le *plus,* la *plus,* le *premier,* le *seul.*

III. Dans les propositions subordonnées, quand le verbe de la proposition principale est à un temps passé, on emploie le *conditionnel* (qui exprime une action dépendante d'une condition) au lieu du futur dans un sens moins affirmatif :

On m'a promis qu'il **serait** *donné suite à ma demande.*

Jésus-Christ a promis qu'il *viendra* juger les vivants et les morts. Ici le *futur* est indispensable, le fait étant *positif.*

IV. A quelque temps que soit le verbe de la proposition *principale*, pour savoir à quel temps il faut mettre le verbe de la proposition *subordonnée*, il faut examiner si l'action marquée par celle-ci est *présente, passée* ou *future*, par rapport à l'action de la proposition principale.

1° Après le présent ou le futur de l'indicatif, on met le présent ou le passé du subjonctif, selon que l'action est à faire ou est faite.

Il faut, il faudra = *qu'il vienne.*

Je doute, je douterai = *que vous ayez réussi.*

2° Après l'un des temps du passé ou du conditionnel, on met l'imparfait du subjonctif, si l'action est à faire, le plus-que-parfait, si elle est faite.

Il ne demandait pas qu'on lui *accordât* cette faveur.

Tu ne savais pas que *j'eusse combattu* pour mon pays.

Comment la proposition subordonnée est-elle liée à la proposition principale?

381. La *proposition subordonnée* peut être liée à la principale : 1° par les conjonctions dites de *subordination ;* 2° par le pronom *conjonctif.*

Parmi ces *conjonctions* dites de subordination, les unes veulent toujours après elles l'*indicatif ;* les autres, toujours *le subjonctif.*

Exceptez : *de manière que, si ce n'est que, tellement que, comme si, de sorte que, en sorte que, sinon que,* qui se construisent tantôt avec l'*indicatif,* tantôt avec *le subjonctif,* selon que la phrase exprime quelque chose de *positif* et qui ne se rapporte pas à un fait futur, ou quelque chose d'*incertain* et qui se rapporte à un fait futur.

Remarque I. Après les verbes *craindre, avoir peur, trembler,* si la proposition principale est *affirmative* et que la subordonnée exprime un fait qu'on ne désire pas voir arriver, on emploie la négation *ne* : *Je crains qu'il* **ne** *vienne.*

Si, au contraire, dans le même cas, on désire que le fait s'accomplisse, on emploie *ne pas* : *Je crains qu'il ne vienne pas.*

Si la proposition principale est *négative* ou *interrogative*, la subordonnée rejette toute négation : *Je ne crains pas, ne craignez-vous pas qu'il vienne?*

II. Après les verbes *prendre garde, éviter, empêcher*, etc., on emploie en général la particule négative *ne.*

> Gardez qu'une voyelle à courir trop hâtée
> *Ne soit* en son chemin par une autre heurtée.
> (Boileau.)

III. Après les verbes *nier, disconvenir, contester, douter, désespérer*, employés sous forme négative ou interrogative, le verbe de la proposition subordonnée s'emploie en général avec *ne* : *Je ne doute pas que la vertu ne vaille tous les trésors.*

On ne met pas de négation, si la proposition principale est affirmative : *Il est impossible de douter que Dieu existe.*

IV. Dans les propositions comparatives d'égalité, le *qu* n'est jamais suivi de *ne* : *Il chante aussi bien aujourd'hui qu'il chantait jadis.*

V. Après *plus, moins* et les expressions *mieux, autre*, on emploie *ne*, si la proposition principale est affirmative : *Il fait plus beau cette année qu'il n'a fait l'année dernière.*

VI. Après les locutions conjonctives *avant que, sans que*, on supprime en général *ne*. On l'emploie après *à moins que, de peur que, de crainte que.*

Emploie-t-on quelquefois l'indicatif présent pour le passé, et l'imparfait de l'indicatif pour le conditionnel?

382. Pour donner plus de vivacité à la narration, on emploie quelquefois le *présent de l'indicatif* pour le *passé défini :*

8

Il *vient.* (*le renard*) est *présenté,*
Et sachant que le loup lui faisait cette affaire, etc. (La Fontaine.)

On emploie même l'indicatif à la place du conditionnel. Ainsi un auteur a dit : « Stanislas était perdu,
s'il restait... » On dit indifféremment : *je* **puis** *citer*
ou *je* **pourrais** *citer ;* je **pouvais** *citer* ou *j'*aurais pu
citer, etc.

*Emploie-t-on indistinctement le passé défini et le passé
indéfini ?*

383. Si la période de temps qu'on a en vue est entièrement passée, on emploie le *passé défini ;* sinon,
le *passé indéfini.*

On dira fort bien : *je vous adresse un message que je*
reçus *hier.* Ce serait une faute de dire : *nous allâmes
ce matin.* On emploie alors le *passé indéfini.*

*Le subjonctif est-il toujours accompagné d'une con-
jonction ?*

384. Le *subjonctif* n'est pas toujours nécessairement
accompagné d'une *conjonction ;* dans certains tours de
phrase, on omet la *conjonction* avec avantage : « *Vienne
qui voudra.* » — *Puissé-je réussir ! — Dieu vous protége !*

Qu'est-ce que l'infinitif de narration ?

385. Dans certaines phrases, où l'écrivain veut donner plus de rapidité au récit, l'*infinitif,* précédé de la
préposition *de,* s'emploie pour le présent et l'imparfait de l'indicatif :

> Grenouilles aussitôt de *sauter* dans les ondes,
> Grenouilles de *rentrer* dans leurs grottes profondes.
> (La Fontaine.)
> Rats en campagne aussitôt ;
> Et le citadin *de dire :*
> Achevons tout notre rôt.
> (La Fontaine.)

REMARQUE. Cette préposition *de* précédait autrefois l'infinitif, lorsque celui-ci jouait le rôle de sujet et commençait la phrase. On lit dans Boileau :

> *De choquer* un auteur qui choque le bon sens,
> *De railler* un plaisant qui ne sait pas nous plaire,
> *C'est ce que* tout lecteur eut toujours droit de faire.

Il faut éviter en français l'emploi de plusieurs infinitifs qui, trop rapprochés, donnent à la phrase un tour vicieux. Ne dites pas : Mais, quoiqu'on ne puisse guère *espérer* de se *passer* toujours d'*employer* la crainte pour le commun des enfants, il ne faut pourtant y avoir recours qu'après avoir éprouvé patiemment tous les autres remèdes. (Fénelon.)

CHAPITRE VII.

REMARQUES SUR LES PARTICIPES.

Que le participe soit une *partie spéciale* du discours, ce qui nous paraît certain, ou un simple mode impersonnel du verbe, *participant* en tous cas et du verbe et de l'adjectif, c'est à la syntaxe de ce mot que se rattachent les plus grandes difficultés de notre langue, et, par conséquent, il importe d'être bien fixé sur le *rôle* et l'*emploi* de ce mot dans le discours.

Or, pour mieux résoudre ces difficultés, il faut nettement distinguer le verbe actif du verbe passif : l'un qui exprime une action *faite* par le sujet ; l'autre, c'est le verbe passif, qui exprime une action *soufferte*, reçue par le sujet.

Cela étant, voici deux règles que nous considérons comme absolues :

PREMIÈRE RÈGLE. Toutes les fois que le participe

passé étant suivi d'un *infinitif* (car c'est là ce qui embarrasse le plus les commençants), le sujet *fait l'action*, le participe s'accorde en genre et en nombre avec lui, comme dans tous les cas où le participe est *précédé* de son complément direct.

> Ex : Les femmes que j'ai *entendues* chanter chantaient fort bien.
> Les enfants que j'ai *vus* passer allaient à l'école.
> Les animaux que j'ai *vus* manger étaient des bêtes fauves.
> Il les a *vus* mourir.
> Qui est-ce qui chantait? Des femmes = accord.
> Qui est-ce qui passait? Des enfants = accord.
> Qui est-ce qui mangeait? Des animaux = accord.
> Qui est-ce qui a vu? Il, lui = accord.

DEUXIÈME RÈGLE. Toutes les fois que le participe passé étant suivi d'un *infinitif*, ce n'est plus le sujet qui *fait* l'action, mais qui la *souffre*, il n'y a plus d'accord, comme dans tous les cas où le participe passé est *suivi* d'un complément. Ex. : Les enfants que j'ai *vu* conduire à l'école étaient bien les vôtres. La personne que j'ai *vu* attaquer sur la route était bien votre frère. Les animaux que j'ai *vu* mener au pâturage étaient nombreux.

Ici, ce n'est plus le sujet qui *fait* l'action, il la *souffre* : *on conduisait* les enfants à l'école ; *on attaquait* votre frère ; *on menait* les animaux au pâturage. Aucune difficulté ne résiste à l'application de ces deux règles.

Quant au participe passé des verbes pronominaux, en réduisant l'auxiliaire *être* à la valeur de l'auxiliaire *avoir*, tout embarras disparaît, et il suffit de se rappeler que le participe passé s'accorde ou ne s'accorde pas avec son complément, selon qu'il en est *précédé* ou *suivi*. (V. 1re partie, *du participe*.)

Elles se sont *blessées ;* elles *ont* blessé elles (se) ; le complément direct *se* précédant le participe, accord. Elles se sont *vues* mourir; elles *ont* vu mourir elles (se); le complément direct *se* précédant le participe, accord. Elles se sont *blessé* le doigt; elles ont blessé quoi? le doigt; le complément direct étant *après* le participe, pas d'accord. Il va de soi que, s'il n'y a pas de complément direct après le participe, il n'y a jamais d'accord. Ils, elles *se* sont *nui*. Ici, *se* n'est n'est plus mis pour *ils, elles*, mais pour *à soi*, complément indirect du verbe *nuire*.

Quelle règle suit le participe présent employé comme adjectif?

386. Le *participe* présent employé comme *épithète*, c'est-à-dire comme *adjectif verbal*, suit la règle d'accord de tous les adjectifs : Un enfant *charmant*, des enfants *charmants*. Mais, employé comme verbe, il est toujours invariable. Il n'en était pas encore ainsi du temps de La Fontaine ; car lui-même a écrit : « Les petits *voletants*, se *culbutants*. »

Remarque I. *Verbal* se dit proprement de tout mot formé d'un verbe, comme : *sauveur, pourvoyeur, aimable*, etc.

II. Certains mots, employés aujourd'hui comme adjectifs, ont dû l'être primitivement comme participes; tels sont les mots : *puissant, savant, nonchalant*.

III. Plusieurs participes, en devenant adjectifs, ont changé l'orthographe de leur dernière syllabe et ont pris *ent* au lieu de *ant;* ainsi : *adhérent, différent, excellent, négligent*, sont adjectifs. *Différant, adhérant, négligeant*, appartiennent, comme participes, aux verbes *différer, adhérer, négliger*.

IV. Quelques participes terminés en *guant* retranchent *u* lorsqu'ils deviennent adjectifs, comme : *extravagant, fatigant*.

8.

V. La distinction orthographique entre l'adjectif verbal et le participe, ou plutôt la distinction grammaticale, ne paraît pas remonter plus haut que la moitié du xvII[e] siècle.

VI. On se demande comment il faut écrire le participe, et s'il doit varier ou non, dans les phrases que voici :

> Les exemples qu'on m'a *donnés* ou *donné* à imiter.
> Les fables que l'on m'a *données* ou *donné* à réciter?

Ici encore c'est par la distinction que l'on doit faire entre le verbe *actif* et le verbe *passif* que l'on résout ces difficultés. En effet, qui fait l'action? Ce n'est pas moi, puisqu'on m'a *donné des exemples à imiter, des fables à réciter.* Je *souffre,* au contraire, l'action, je la subis, et, par conséquent il n'y a pas d'accord.

Le verbe qui suit *se voir* se met au participe passé s'il marque une simple *manière d'être,* un *état* résultant d'une action accomplie. Ex. : Elles sont heureuses de se voir *admirées.* Elle fut bien fière quand elle se vit *entourée* de ses enfants, elle qui s'était vue *délaissée* de tout le monde.

On peut dire qu'il y a là une question d'oreille.

CHAPITRE VIII.

REMARQUES SUR L'ADVERBE.

A quoi équivaut presque toujours l'adverbe?

387. L'*adverbe*, si on l'analyse en lui-même, équivaut presque toujours à une préposition suivie de son complément : *sagement* revient à *avec sagesse;* et, dans ce cas, le complément n'est autre chose que le nom *abstrait* de la qualité exprimée par l'adverbe.

Ainsi décomposé, l'adverbe prend le nom de *locution adverbiale.*

C'est l'usage qui indique, ainsi que les bons écrivains, la place que doit occuper l'adverbe dans le discours, selon qu'il précède un adjectif ou qu'il suit un verbe. D'ailleurs, placé avant, l'adverbe modifie le verbe d'une manière absolue; placé après, il le modifie d'une manière adoucie. Ainsi, *traiter mal* et *maltraiter*; *mal parler* et *parler mal*, etc.

Quelle est en français la terminaison adverbiale proprement dite?

388. La *terminaison adverbiale proprement dite* est, en français *ment : sagement, heureusement.*

REMARQUE. La plupart des adverbes de quantité sont, à l'origine, d'anciens noms ou d'anciens adjectifs; tels sont : *plus, le plus, davantage, beaucoup, peu, un peu,* etc.

CHAPITRE IX.

REMARQUES SUR LA PRÉPOSITION.

On a vu que les prépositions servent à exprimer les rapports indirects qui unissent les mots entre eux.

Mais il s'en faut de beaucoup que chacun de ces rapports soit exprimé par une préposition spéciale; un même rapport peut être exprimé à l'aide de plusieurs prépositions. Ex. : Il habite *dans* Paris, il va *en* Italie, *à* Rome.

Réciproquement, une même préposition peut exprimer divers rapports. Ex. : Il habite *en* France, elle va *en* Italie, il ira *en* trois jours, elle est tombée *en* courant.

Les prépositions servent aussi à former, avec les verbes surtout, des mots composés qui contribuent beaucoup à la brièveté et quelquefois à l'énergie du style. Ex. : *dé*-tourner, *par*-faire, *par*-achever.

REMARQUE I. Les mots *excepté, nonobstant, concernant, touchant*, que l'on classe parmi les prépositions, ne sont que des *prépositions* improprement dites. Il faut y voir des participes auxquels l'usage et une fausse apparence ont fait donner ce nom; toutefois, comme on peut les remplacer exactement par des prépositions synonymes, il est plus commode, dans la pratique, de les considérer comme tels.

II. Il convient de rattacher aux prépositions certaines particules qui, parce qu'elles s'unissent à la première syllabe du mot où elles entrent pour le modifier, sont appelées *inséparables*. On les appelle aussi *préfixes*. Ex. : *in*-utile, *in*-commode, *dis*-semblable, *re*-tenir, *mé*-connaître.

CHAPITRE X.

REMARQUES SUR LA CONJONCTION.

Qu'appelle-t-on conjonctions de coordination?

389. Ce sont celles qui rapprochent simplement deux propositions, qu'elles montrent comme juxtaposées ou coordonnées; telles sont : *et, ou, ni, mais, or, donc, car*.

Qu'appelle-t-on conjonctions de subordination?

390. Ce sont celles qui servent à marquer la dépendance, la subordination des propositions les unes à l'égard des autres, comme : *si, que, quand*, etc.

Qu'appelle-t-on conjonctions alternatives ?

391. Ce sont celles qui marquent la liaison, mais avec une idée accessoire, comme : *ou, ou bien, soit, soit que*.

Il y a encore les conjonctions *adversatives*, comme *mais, cependant, bien que; conditionnelles*, comme *si, pourvu que; explicatives*, telles que *car; causatives*, telles que *c'est pourquoi, afin de, afin que, pour que, de peur que, de ce que, parce que, puisque; déductives,* comme *donc, par conséquent,* etc.

Avec quel temps se construit quoique?

392. *Quoique* veut le subjonctif : « *Quoique* vous *veilliez* sur vous-même pour n'y rien laisser voir que de bon, n'attendez pas que l'enfant ne trouve jamais aucun défaut en vous » (Fénelon).

Ne dites pas : *Quoique* ne partageant pas votre avis, je vous estime ; mais : *Quoique je ne partage pas votre avis.*

Remarque I. Beaucoup de locutions conjonctives sont formées de prépositions ou d'adverbes suivis de la conjonction *que;* tels sont : *avant que, dès que, pendant que, tant que, autant que, quiconque,* etc.

II. Il y a des locutions conjonctives qui renferment certains verbes, mais il ne faut pas les considérer comme des membres de phrase. Tels sont : *soit que* (verbe être), *si ce n'est que, ce n'est pas que, ce n'est pas à dire que, il ne s'ensuit pas que, tant s'en faut que,* etc.

III. Il ne faut pas confondre *que* conjonction avec *que* pronom relatif, ni avec *que* adverbe : *que* est pronom relatif quand il peut se traduire par *lequel, laquelle,* ou par *quelle chose;* il est adverbe quand il peut se traduire par *combien, pourquoi.* Ex. : Nous savons *que* Dieu existe et *que* sa providence s'étend sur tout l'univers. — *Qu'*attendez-vous? *Que* nous sommes heureux d'habiter la campagne !

CHAPITRE XI.

REMARQUES SUR L'INTERJECTION.

D'où vient le mot interjection?

393. L'*interjection* étant un son, un cri, et ce cri

étant d'ordinaire *jeté au milieu* d'une phrase, le mot
qui le traduit a été appelé *interjection*.

CHAPITRE XII.

DE LA CONSTRUCTION.

1° DE L'INVERSION.

Toute phrase, en français, veut être construite sui-
vant un certain ordre que l'on appelle l'ordre direct
et grammatical.

Toutes les fois qu'il sera dérogé à cet ordre, il y
aura ce qu'on appelle *inversion*.

Qu'est-ce que l'inversion?

394. L'*inversion* est une disposition des termes de
la proposition ou des membres de la phrase dans un
ordre *différent* de celui qui a été consacré par l'usage
général.

Notre langue, qui est proprement *analytique*, n'admet l'inversion qu'autant qu'elle ne nuit en rien à la
clarté, cette qualité essentielle de la langue française.

L'*inversion* est plus fréquente dans la poésie que
dans la prose.

> *D'adorateurs zélés* à peine un petit nombre
> Ose des *premiers temps* nous retracer quelque ombre.
> (Racine.)
> Dans le temple des Juifs un instinct m'a poussée,
> Et *d'apaiser leur dieu* j'ai conçu la pensée.

Il faut se garder de donner à l'*inversion* un tour
trop hardi, à moins qu'on ne veuille produire un effet

imitatif. Un auteur a pu dire en parlant d'un gour-
mand :

Oppressé fut d'une indigestion.

En prose, l'*inversion* doit être discrètement em-
ployée et servir à l'harmonie de la phrase ou même
à la clarté.

> *Restait cette* redoutable infanterie d'Espagne.
> (Bossuet.)
> *Avec le mot de gloire, on obtenait tout de lui.*

Que voulez-vous? Ne me l'avez-vous pas fait connaître? sont autant d'inversions qu'impose l'usage.

2° DE LA PÉRIODE.

*Comment appelle-t-on la réunion de plusieurs membres
de phrase?*

395. On la nomme *période*.

La *période* est donc composée de plusieurs membres dont l'ordonnance et l'accord sont tels, qu'on ne
pourrait en retrancher un sans mutiler la pensée et
rompre l'ensemble.

Combien la période comprend-elle de membres?

396. La *période* ne saurait avoir moins de deux
membres ou *mesures;* rarement elle en a plus de
quatre, pour ne point fatiguer par l'embarras des
détails et dans l'intérêt de la clarté.

Citez une période à deux membres.

397. « Comme nous nous affectionnons de plus en plus
aux personnes à qui nous faisons du bien, = de même
nous haïssons violemment ceux qui nous ont beaucoup
offensés. (La Bruyère.)

Citez une période à trois membres?

398. Ex. :

Craignez, Romains, craignez que le ciel quelque jour
Ne transporte chez vous les pleurs et la misère ;
Et mettant en nos mains, par un juste retour,
Les armes dont se sert sa vengeance sévère,
    Il ne vous fasse, en sa colère,
    Nos esclaves à votre tour.
                (La Fontaine.)

Citez une période à quatre membres ?

399. Ex. :

Ainsi, ce roi qui, seul, a, durant quarante ans,
Lassé tout ce que Rome eut de chefs importants,
Et qui, dans l'Orient, balançant la fortune,
Vengeait de tous les rois la querelle commune,
Meurt, et laisse après lui, pour venger son trépas,
Deux fils infortunés qui ne s'accordent pas.
                (Racine.)

3° DU SENS PROPRE ET DU SENS FIGURÉ DES MOTS.

Qu'appelle-t-on sens propre d'un mot ?

400. Le *sens propre*, c'est la première signification d'un mot, le sens naturel et primitif de ce mot.

Quand on dit : Voici la clef de ma maison, le mot *clef* est pris au sens propre ; car le mot désigne la chose même qui s'appelle *clef*.

Qu'appelle-t-on sens figuré d'un mot ?

401. Le *sens figuré* a lieu lorsqu'on change la signification d'un mot pour lui en donner une qu'on emprunte à un autre ordre de faits : La grammaire est *la clef* des sciences. La grammaire, *comme une clef*, nous donne, pour ainsi dire, accès à l'étude des sciences. Ainsi, au figuré, *séve* est employé pour *force, vigueur :* La *séve* de la jeunesse.

Remarque I. Il y a aussi le sens *absolu* et le sens *littéral ;* le sens littéral et le sens mystique, etc.

II. Au sens figuré des mots se rattache la figure appelée *métaphore*. Par elle, on *transporte* la signification propre d'un mot à une autre signification qui ne lui convient qu'en vertu d'une comparaison sous-entendue : La *lumière* de l'esprit, la *fleur* de l'âge, l'*aile* du temps, le *printemps* de la vie.

4° DU VERS ET DE LA PROSE.

Qu'est-ce que le vers?

402. Le *vers* est un assemblage de mots mesurés et cadencés selon certaines règles fixes et déterminées.

En français, les vers sont rimés et composés d'un certain nombre de syllabes; les plus usités sont les vers de *douze* et de *dix* syllabes.

Qu'appelle-t-on vers libres?

403. Les *vers libres* sont des vers de différentes mesures, entremêlés selon le goût et le caprice du poëte, et qui ne sont liés entre eux que par le sens et les rimes.

Mesurez un vers de douze syllabes?

404. Ex. :

  1er HÉMISTICHE.   2e HÉMISTICHE.

Le | jour | n'est | pas | plus | pur || que | le | fond | de | mon | cœur.
1 2 3 4 5 6 7 8 9 10 11 12

Mesurez un vers de dix syllabes?

405. Ex. :

Si | je | vou | lais || con | ter | de | point | en | point
1 2 3 4 5 6 7 8 9 10

Tout | le | dé | tail || je | man | que | rais | d'ha | leine.
1 2 3 4 5 6 7 8 9 10

Qu'est-ce que la prose?

406. La *prose* se dit par opposition à *vers*. C'est le langage ordinaire des hommes, non gêné par la *mesure*, la *cadence* et la *rime*.

CHAPITRE XIII.

DES FIGURES DE GRAMMAIRE.

Qu'est-ce qu'une figure de grammaire?

407. C'est une manière de parler qui donne à l'expression de la pensée plus de force, plus de vivacité, plus de noblesse ou plus de grâce. Ainsi, l'*inversion*, dont nous avons donné plus haut des exemples, est une figure de grammaire ou de construction.

Quelles sont les principales figures de grammaire?

408. Il y a, outre l'*inversion*, trois principales figures de grammaire; ce sont : la *syllepse*, l'*ellipse* et le *pléonasme*.

Qu'est-ce que la syllepse?

409. C'est une figure par laquelle on fait accorder un mot, non pas grammaticalement avec le mot même auquel il se rapporte, mais *logiquement* avec l'idée *comprise* dans ce mot. Ex. :

« Quand le peuple hébreu entra dans la terre promise, tout y célébrait *leurs* ancêtres. » (Bossuet.)

L'accord se fait ici avec *ancêtres* dont l'idée est *comprise* dans les mots *peuple hébreu*.

> Entre le pauvre et vous vous prendrez Dieu pour juge ,
> Vous souvenant, mon fils, que, caché sous ce lin,
> Comme *eux* vous fûtes pauvre et comme *eux* orphelin.

Eux rappelle l'idée des *pauvres*, et l'accord se fait avec *pauvres* et non avec le *singulier*, comme cela devrait être *grammaticalement*.

Remarque 1. C'est par *syllepse* que le verbe se met au pluriel après les collectifs partitifs suivis d'un nom pluriel, qui souvent même est sous-entendu : « La plupart se *lais-sent* emporter à la coutume. »

11. C'est encore par *syllepse* que l'on a déterminé l'accord de l'attribut avec le sujet *on* désignant un nom féminin.

Qu'est-ce que l'ellipse?

410. C'est une figure qui consiste dans la suppression d'un ou de plusieurs mots nécessaires à la plénitude d'une phrase. Elle est fort usitée dans le style familier et dans les proverbes.

Elle a pour effet tantôt de supprimer un verbe :

Malheureux les États tombés dans son erreur!

Il faudrait : *Malheureux sont les États!*

« Hélas! Si je pouvais au moins espérer de ne plus faire ce que je suis désolé d'avoir fait, *trop heureux! trop heureux!* (Fénelon.)

C'est-à-dire : *Je serais trop heureux.*

Tantôt elle supprime des mots que l'esprit supplée aisément : « Mon discours, dont vous vous croyez peut-être les juges, vous jugera au dernier jour, » c'est-à-dire : *servira à vous juger.*

On lit dans La Fontaine :

Moi des tanches, dit-il; *moi,* Héron, *que je fasse*
Une si pauvre chère!

C'est-à-dire : Convient-il à moi de manger des tanches? etc.

On lit dans le même auteur :

Ainsi dit, ainsi fait : les mains cessent de prendre,
Les bras d'agir, les jambes de marcher.

C'est-à-dire : les bras *cessent* d'agir, les jambes *cessent* de marcher.

Il y a une ellipse dans ce proverbe :

A bon entendeur, demi-mot.

L'ellipse abonde dans La Fontaine.

Regardez-bien, ma sœur :
Est-ce assez, dites-moi, n'y suis-je point encore?
— Nenni. — M'y voici donc? — *Point du tout.* — M'y voilà?
— Vous n'en approchez pas.

Voyez aussi *le loup et le chien.*

Il y a ellipse même dans cette simple phrase : il est savant *et* modeste = et *il est* modeste.

Qu'est-ce que le pléonasme?

411. C'est une figure qui consiste à employer, pour donner plus de force à la phrase, des mots inutiles au sens et que la grammaire rejetterait comme superflus.

Tel est ce passage de Molière :

Je l'ai *vu*, dis-je, *vu*, de mes propres yeux *vu*,
Ce qu'on applle *vu.*

Le pléonasme peut n'être qu'une redondance de mots, comme : *monter en haut, descendre en bas, car en effet, puis ensuite,* etc.

On ne cite que pour mémoire des figures très-connues, mais qui ne sont pas du domaine de la grammaire, telles que : l'*hyperbole,* l'*hyperbate,* etc.

CHAPITRE XIV.

DES GALLICISMES.

Qu'appelle-t-on gallicisme?

412. On appelle *gallicisme* une manière de parler propre à la langue française.

Le gallicisme peut se rencontrer : 1° dans le sens d'un mot; 2° dans la réunion de plusieurs mots; 3° dans l'emploi de certaines figures; 4° dans la construction même d'une phrase.

Citez quelques gallicismes.

413. Tels sont : Il *pensa périr*, mis pour : Il *manqua de périr*. Bossuet dit : « Il *put bien quitter volontairement* la souveraine puissance; mais il ne put empêcher l'effet du mauvais exemple. » Cela veut dire : Quoiqu'il eût renoncé de lui-même à la souveraine puissance, il ne put cependant empêcher, etc. Ajoutez : *il vient de* mourir. *Il va* venir.

Sur les *synonymes*, la *périphrase*, les *proverbes*, la *comparaison*, V. nos Exercices, 3ᵐᵉ série.

QUESTIONNAIRE

Le maître pourra, d'une classe à l'autre, inscrire sur le tableau noir, pour chaque DIVISION *ou* ANNÉE, *les numéros de la grammaire qui devront être appris par cœur ou rapportées par écrit.*

CE QUESTIONNAIRE A ÉTÉ RÉDIGÉ CONFORMÉMENT A LA CIRCULAIRE DU 18 NOVEMBRE 1871.

TROISIÈME DIVISION OU PREMIÈRE ANNÉE.

PREMIER TRIMESTRE.

Qu'est-ce que la grammaire? N° 1.
Qu'est-ce que le nom ou substantif? 38.
Combien y a-t-il de sortes de substantifs? 39.
Qu'est-ce que le nom propre? 40.
Qu'est-ce que le nom commun? 41.
Qu'est-ce que le genre? 24.
Combien y a-t-il de genres en français? 25.
A quel genre appartiennent les êtres animés? 26.
A quel signe reconnaît-on les noms du genre masculin? 27.
A quel signe reconnaît-on les noms du genre féminin? 28.
Qu'est-ce que le nombre? 29.
Comment s'exprime l'unité en grammaire? 30.
Comment s'exprime la pluralité? 31.

Comment se forme, *en général*, le pluriel dans les noms? 42.

N. B. Le maître introduira ici : 1º des exercices d'application et d'invention sur la distinction des genres et des nombres ; 2º des exercices oraux de conjugaison. Voir nos Exercices, 1ʳᵉ *série.*

DEUXIÈME TRIMESTRE.

Qu'est-ce que l'adjectif? Nº 72.

Qu'est-ce que l'adjectif qualificatif? 74.

Quelle est la règle générale de la formation du féminin dans les adjectifs? 75.

Comment se forme le pluriel des adjectifs? 82.

Quelle est la règle d'accord de l'adjectif avec le nom? 86.

Qu'arrive-t-il si les noms sont de différents genres? 87.

Quelle est la règle d'accord quand l'adjectif est placé après deux ou plusieurs noms? 88.

N. B. Le maître introduira ici : 1º des exercices d'application et d'invention ; 2º il continuera les exercices oraux de conjugaison. Voir nos Exercices, 1ʳᵉ *série.*

TROISIÈME TRIMESTRE.

Qu'est-ce que le pronom? Nº 117.

Combien y a-t-il de sortes de pronoms? 118.

Combien y a-t-il de personnes qui jouent un rôle dans tout discours? 119.

Quels sont les pronoms de la 1ʳᵉ personne? 120.

Quels sont les pronoms de la 2ᵐᵉ personne? 121.

Quels sont les pronoms de la 3ᵐᵉ personne? 122.

N. B. Le maître introduira ici : 1º des exercices d'application et d'invention sur le nom, l'adjectif et le pronom ; 2º il continuera les exercices oraux de conjugaison. Voir nos Exercices, 1ʳᵉ *série.*

QUATRIÈME TRIMESTRE.

Qu'est-ce que le verbe? Nº 148.

Qu'appelle-t-on le sujet d'un verbe? 155.

Comment reconnaît-on le sujet du verbe? 156.

Qu'appelle-t-on complément ou régime du verbe? 157.

Pourquoi l'appelle-t-on complément ou régime direct? 158.

Qu'est-ce que le complément ou régime indirect? 159.

Quelle est la règle générale d'accord du verbe? 22.

N. B. Le maître introduira ici : 1° des exercices d'application et d'invention sur le nom, l'adjectif, le pronom et le verbe; 2° des exercices oraux de conjugaison. Voir nos Exercices, 1re *série*.

DEUXIÈME DIVISION OU DEUXIÈME ANNÉE.

PREMIER TRIMESTRE.

Qu'est-ce que la grammaire? N° 1.

De quoi se compose le langage écrit ou parlé? 2.

Combien y a-t-il de lettres en français? 4.

Qu'est-ce qu'une voyelle et quelles sont les voyelles? 5.

Qu'est-ce qu'une consonne et quelles sont les consonnes? 6.

Qu'est-ce qu'une syllabe? 7.

Que signifie le mot accent? 9.

Combien y a-t-il d'accents? 10.

Quel est le rôle du point? 11.

Quel est le rôle des deux points? 12.

Quel est le rôle de la virgule? 13.

Quel est le rôle du point et virgule? 14.

Quel est le rôle du point d'interrogation? 15.

Quel est le rôle du point d'exclamation? 16.

Quel est le rôle du trait d'union? 17.

Quel est l'emploi de la lettre majuscule? 21.

Qu'est-ce que l'apostrophe? 22.

De combien d'espèces de mots se compose la langue française? 23.

Qu'est-ce que la syntaxe? 32.

Qu'est-ce que l'article? 33.

Combien y a-t-il de sortes d'articles? 34.

Qu'est-ce que l'article simple? 35.

Qu'est-ce que l'article contracté ou composé? 36.

Qu'arrive-t-il si le nom commence par une voyelle ou une *h* aspirée? 37.

Qu'est-ce que le nom ou substantif? 38.

Comment se forme, *en général*, le pluriel dans les noms? 42.

N'y a-t-il point des exceptions à cette règle générale? 43.

Quelle est la première exception? 44.

Quelle est la deuxième exception? 45.

Quelle est la troisième exception? 46.

Quelle est la quatrième exception? 47.

N'y a-t-il point des noms qui ont deux pluriels? 48.

Y a-t-il des noms qui n'ont pas de pluriel? 49.

Comment s'écrivent au pluriel les noms terminés par *ant* et *ent*? 50.

En combien de classes se divisent les adjectifs? 73.

Qu'est-ce que l'adjectif qualificatif? 74.

Combien y a-t-il de classes d'adjectifs déterminatifs? 97.

Qu'est-ce que l'adjectif déterminatif? 98.

Combien y a-t-il de sortes d'adjectifs numéraux? 99.

Qu'appelle-t-on adjectifs numéraux cardinaux? 100.

Qu'appelle-t-on adjectifs numéros ordinaux? 101.

Qu'est-ce que l'adjectif déterminatif démonstratif? 105.

Qu'est-ce que l'adjectif déterminatif possessif? 106.

Dans quel cas les adjectifs possessifs *notre, votre, leur* prennent-ils la marque du pluriel? 107.

Dans quel cas prennent-ils la marque du singulier? 108.

Qu'arrive-t-il quand l'objet possesseur et l'objet possédé sont dans la même phrase? 109.

9.

Qu'arrive-t-il si l'objet possesseur n'est pas exprimé dans la même phrase? 110.

Qu'est-ce que l'adjectif indéfini? 111.

Quelle est la première exception *à la règle générale de la formation du féminin* dans les adjectifs? 76.

Quelle est la deuxième exception? 77.

Quelle est la troisième exception? 78.

Quelle est la quatrième exception? 79.

Quelle est la cinquième exception? 80.

Quelle est la sixième exception? 81.

Comment se forme le pluriel des adjectifs? 82.

    Première remarque? 83.

    Deuxième remarque? 84.

    Troisième remarque? 85.

N. B. Le maître fera conjuguer oralement les verbes. V. nos Exercices, 2ᵉ série.

DEUXIÈME TRIMESTRE.

Combien y a-t-il de sortes de pronoms? 118.

Quelle place doit occuper le pronom personnel employé comme sujet? 123.

Le pronom personnel employé comme sujet ne suit-il pas quelquefois le verbe? 124.

Quelle place doit occuper le pronom personnel employé comme complément direct ou indirect? 125.

Qu'arrive-t-il si le verbe est à l'impératif? (V. nᵒ 168.) 126.

Qu'arrive t-il si deux impératifs sont unis par une des conjonctions *et, ou*? 127.

Quelle règle d'accord suit le pronom *le, la, les*, mis pour un nom ou un adjectif pris substantivement? 128.

Dans quel cas *le* est-il invariable? 129.

Quelle est la règle d'emploi du pronom réfléchi *soi*? 130.

Qu'est-ce que le pronom démonstratif? 131.

Citez les pronoms démonstratifs? 132.

Qu'arrive-t-il lorsque *ce* est placé devant *qui, que, dont, quoi*? 133.

Ce est-il toujours nécessaire devant le verbe *être*? 134.

Quelle différence y a-t-il entre *celui-ci* et *celui-là?*   135.

Qu'est-ce que le pronom possessif?   136.

Citez les pronoms possessifs?   137.

Qu'est-ce que le pronom relatif ou conjonctif?   138.

Citez les pronoms relatifs ou conjonctifs?   139.

Comment pourrait-on échapper à toute équivoque?   140.

Citez les pronoms interrogatifs?

Citez les pronoms indéfinis?   141.

Quel est le plus usité des pronoms indéfinis?   142.

On ne peut-il pas désigner un nom féminin?   143.

Comment s'écrit *chacun* sujet de la phrase ou précédé d'un complément direct?   144.

Dans quel cas *personne* est-il pronom?   145.

Dans quel cas est-il substantif?   146.

Quelle idée éveille *l'un l'autre?*   147.

N. B. Le maître introduira ici des exercices d'application et d'invention sur le nom, l'adjectif et le pronom. Voir nos Exercices, 2e *série.*

Peut-on concevoir un jugement ou une proposition sans verbe?   149.

Expliquez cela par un exemple?   150.

Combien toute proposition renferme-t-elle de mots?   151.

Quel est le verbe proprement dit?   152.

Définissez le verbe attributif?   153.

Combien y a-t-il de verbes auxiliaires?   154.

Combien y a-t-il de personnes qui concourent à l'action exprimée par le verbe?   160.

Combien y a-t-il de nombres pour le verbe?   161.

Qu'appelle-t-on modes d'un verbe?   162.

Combien distingue-t-on de sortes de modes?   163.

Combien y a-t-il en français de modes personnels?   164.

Combien de modes impersonnels?   165.

Qu'est-ce que le mode indicatif?   166.

Qu'est-ce que le mode conditionnel?   167.

Qu'est-ce que le mode impératif?   168.

Qu'est-ce que le mode subjonctif? 169.

Qu'est-ce que le mode infinitif? 170.

Qu'est-ce que le mode participe? 171.

Qu'est-ce que le temps d'un verbe? 172.

Combien la durée a-t-elle d'époques? 173.

Combien y a-t-il de temps passés? 174.

Qu'est-ce que l'imparfait? 175.

Qu'est-ce que le passé défini? 176.

Qu'est-ce que le passé indéfini? 177.

Qu'est-ce que le passé antérieur? 178.

Qu'est-ce que le plus-que-parfait? 179.

Qu'est-ce que le futur simple? 180.

Qu'est-ce que le futur antérieur? 181.

Combien y a-t-il de sortes de temps? 182.

Qu'est-ce qu'un temps simple? qu'est-ce qu'un temps composé? 183.

Qu'appelle-t-on conjuguer un verbe? 184.

Qu'appelle-t-on radical d'un verbe? 185.

Qu'appelle-t-on terminaison d'un verbe? 188.

Combien y a-t-il de sortes de verbe? 202.

Qu'est-ce que le verbe actif ou transitif? 203.

Que signifie le mot transitif? 204.

A quels verbes, dans l'usage, donnent-on le nom de verbes actifs? 205.

Expliquez ce qui précède par deux exemples? 206.

Comment reconnaît-on qu'un verbe est actif ou transitif? 207.

Qu'est-ce que le verbe passif? 208.

Comment se marque le complément des verbes passifs? 209.

Comment se forme en français le verbe passif? 210.

Qu'est-ce que le verbe neutre ou intransitif? 211.

Que signifie le mot intransitif? 212.

Comment reconnaît-on un verbe neutre? 213.

Un verbe neutre peut-il, dans certains cas, devenir actif? 214.

Quand dit-on qu'un verbe est conjugué sous forme interrogative? 215.

Qu'est-ce que le verbe réfléchi ou pronominal?   216.
Combien y a-t-il de classes de verbes pronominaux? 217.
Qu'est-ce que le verbe impersonnel? 218.
Combien distingue-t-on de verbes impersonnels? 219.
Expliquez la valeur du pronom *il* dans il pleut? 220.
Quel est le sujet réel?   221.

Le maître introduira ici : 1° des exercices sur le nom, l'article l'adjectif, le pronom et le verbe.

TROISIÈME TRIMESTRE.

Combien y a-t-il d'espèces de temps dans les verbes? 187.
Qu'appelle-t-on temps primitifs, et combien y en a-t-il? 188.
Qu'appelle-t-on temps dérivés? 189.
Quels sont les temps que forme l'infinitif présent? 190.
Quels sont les temps que forme le participe présent 191.
Quels sont les temps que forme le participe passé? 192.
Quel est le temps que forme l'indicatif présent? 193.
Quel est le temps que forme le passé défini? 194.
Qu'est-ce qu'un verbe régulier? 195?
Qu'est-ce qu'un verbe irrégulier? 196.
Qu'est-ce qu'un verbe défectif? 197.
Citez les verbes irréguliers et défectifs de la première conjugaison? 198.
Citez les verbes irréguliers et défectifs de la deuxième conjugaison? 199.
Citez les verbes irréguliers et défectifs de la troisième conjugaison? 200.
Citez les verbes irréguliers et défectifs de la quatrième conjugaison? 201.
Qu'est-ce que le participe? 240.
Combien y a-t-il de participes? 242.
Quelle différence y a-t-il entre le participe présent (considéré comme invariable), et certains adjectifs dérivés des verbes et appelés adjectifs verbaux? 243.

A quels caractères reconnaît-on un participe présent? 244.

A quels caractères reconnaît-on l'adjectif verbal? 245.

Sous quelles formes se présente le participe passé? 246.

Quelle est la règle d'accord du participe passé joint à l'auxillaire *être?* 247.

Quelle est la règle d'accord du participe passé joint à l'auxiliaire *avoir?* 248.

Quelles sont les règles d'accord du participe passé dans les verbes pronominaux? 251.

Quelle est la règle d'accord du participe passé suivi d'un infinitif? 260. V. 2me partie, Remarques sur le participe.

Citez la première règle? 261.

Citez la deuxième règle? 262.

Le maître introduira ici : 1° des exercices d'application; 2° des exercices oraux d'analyse. V. nos Exercices, 2e série.

QUATRIÈME TRIMESTRE.

Qu'est-que l'adverbe? 266.

Quel est le rôle de l'adverbe? 267.

Citez quelques adverbes de manière? 268.

Citez quelques adverbes qui marquent l'ordre, le rang? 269.

Citez quelques adverbes de lieu? 270.

Citez quelques adverbes de temps? 271.

Citez quelques adverbes de quantité? 272.

Qu'est-ce qu'une locution adverbiale? 275.

Citez quelques locutions adverbiales? 276.

Qu'est-ce que la préposition? 286.

Quels sont les principaux rapports que sert à marquer la préposition? 288.

Qu'est-ce qu'une locution prépositive? 289.

Citez quelques locutions prépositives? 290.

Qu'est-ce que la conjonction? 298.

Quelles sont les principales conjonctions? 299.

Qu'est-ce qu'une locution conjonctive? 300.

Qu'est-ce que l'interjection? 307.

A quoi équivaut la conjonction? 309.

Qu'est-ce qu'une proposition? 311.

Combien une proposition a-t-elle de termes? 313.

Que faut-il entendre par analyse grammaticale? 316.

Quel est le rôle de l'analyse grammaticale? 317.

Le maître introduira ici : 1º des dictées très-courtes; 2º des exercices élémentaires de rédaction; 3º des phrases simples sur des sujets empruntés aux circonstances ordinaires de la vie; 4º des exercices oraux d'analyse. V. nos Exercices, 2ᵉ série.

PREMIÈRE DIVISION OU TROISIÈME ANNÉE.

PREMIER TRIMESTRE.

N. B. Les remarques devront être expliquées et apprises par cœur. *Le maître fera revoir les dix parties du discours étudiées dans la deuxième année.*

Combien toute proposition renferme-t-elle de mots? nº 151.

Les trois termes de la proposition sont-ils quelquefois, en français, compris dans un seul mot? 364.

Chacun des termes de la proposition ne peut-il pas avoir de complément? 365.

Qu'appelle-t-on propositions coordonnées? 366.

Qu'appelle-t-on proposition incidente? 367.

Distinction entre la proposition incidente et l'incise? *Remarque.*

Qu'est-ce que la proposition infinitive? 368. V. les 3 remarques qui suivent ce nº.

Comment la proposition subordonnée est-elle liée à la proposition principale? 381. V. les remarques qui suivent ce nº.

Qu'est-ce que la proposition participe?

Comment reconnaît-on le sujet d'un verbe ? 155, 156. V. les 2 remarques qui suivent ce n°.

Qu'est-ce que le verbe ? 148.

Peut-on concevoir un jugement ou une proposition sans verbe ? 149.

Expliquez cela par un exemple ? 150.

Quel est le verbe proprement dit ? 152, 370.

Définissez le verbe attributif ? 153, 371.

Qu'appelle-t-on complément ou régime d'un verbe ? 157, 378.

Pourquoi l'appelle-t-on complément ou régime direct ? 158.

Qu'est-ce que le complément ou régime indirect ?. 159. V. les 2 remarques qui suivent ce n°.

Quelle différence y a-t-il entre l'adjectif et l'attribut ? 372.

Quelle différence y a-t-il entre le complément grammatical d'un verbe et le complément logique ? 377. V. les 3 remarques qui suivent le n° 378.

Qu'appelle-t-on complément circonstanciel ? 379.

Ponctuation, V. chapitre XII, 1re partie.

Qu'appelle-t-on synonymes ? 326.
Citez quelques synonymes ? 327.
Qu'appelle-t-on homonymes ? 328.
Qu'appelle-t-on sens propre d'un mot ? 400.
Qu'appelle-t-on sens figuré d'un mot ? 401. V. les 2 remarques qui suivent ce n°.

Le maître introduira ici des exercices de rédaction, notamment sur les dix parties du discours et sur les propositions. (V. nos Exercices, 3e série.)

DEUXIÈME TRIMESTRE.

Quelle est la règle d'accord de l'adjectif avec le nom ? 86.

)u'arrive-t-il si les noms sont de différents genres?

)u'elle est la règle d'accord quand l'adjectif est placé
ès deux ou plusieurs noms? 88.
)uels sont les noms qui sont tantôt masculins et tantôt
ninins? 51.
)uel est le genre du mot aigle? 52.
)uel est le genre du mot amour? 53.
)uel est le genre du mot automne? 54.
)uel est le genre du mot couple? 55.
)uel est le genre des mots délice, orgue? 56.
Quel est le genre du mot enfant? 57.
Quel est le genre du mot foudre? 58.
Quel est le genre du mot gens? 59.
Quel est le genre du mot hymne? 60.
Quel est le genre du mot œuvre? 61.
Quel est le genre du mot orge? 62.
Quel est le genre du mot pâque? 63.
Quel est le genre du mot période? 64.
Quel est le genre du mot vêpres? 65.
Quelle est la règle de l'orthographe dans les noms pro-
es? 68.
Quelle est la première exception? 69.
Quelle est la deuxième exception? 70.
Quelle est la règle de l'orthographe dans les noms com-
)sés? 71.

Première règle. — Deuxième règle. — Troisième règle. V.
)servations.

Quelle est l'orthographe des noms empruntés aux lan-
ies étrangères? 66.
Comment s'écrit le mot *demi* placé après le substantif?
).
Comment s'écrit-il placé avant le substantif? 90.
Comment s'écrit-il quand il est pris substantivement?
91.
Comment s'écrit le mot *feu* quand il précède le nom ou
uand il le suit? 92.

Comment s'écrit le mot *nu* quand il précède ou suit le nom? 93.

Quelle est la règle d'accord quand un adjectif est composé de deux adjectifs dont le premier est pris adverbialement? 94.

Quelle est la règle s'il est composé d'un adjectif et d'un participe ou de deux adjectifs? 95. V. la remarque qui suit ce nº.

Y a-t-il certains adjectifs qui ne s'appliquent pas indistinctement aux personnes et aux choses? 96.

Quelle est l'orthographe de *vingt* et *cent*? 102. V. les 3 exceptions qui se rattachent à ce no.

Quelle est l'orthographe de *mille* dans le calcul des années? 103. Comment s'écrit mille signifiant dix fois cent? 104. V. la remarque qui suit ce nº.

Quelle est l'orthographe de *chaque*? 112.

Comment écrit-on *aucun*, *nul* devant un nom qui ne s'emploie qu'au pluriel? 113.

Quelle est l'orthographe de l'adjectif indéfini *même*? 114.

Quelle est l'orthographe de l'adjectif indéfini *tout*? 115. V. la remarque qui suit ce n_0.

Quelle est l'orthographe de l'adjectif indéfini *quelque*? 116.

V. les remarques qui suivent le no 130.

V. la remarque qui suit le n_0 134.

V. les remarques qui suivent le no 140.

Y a-t-il des pronoms démonstratifs? 356.

Peut-on quelquefois supprimer *celui*, *celle* dans certaines phrases? 357.

Quelle différence y a-t-il entre l'adjectif et le pronom possessif? 358. V. les 2 remarques qui suivent ce nº.

Quelle différence y a-t-il entre *qui* et *que* interrogatifs? 359. V. les 2 remarques qui suivent ce n_0.

Citez quelques pronoms indéfinis? 360. V. les remarques qui suivent ce nº.

Quelle différence y a-t-il entre quoi que et quoique? 361.

Le pronom peut-il tenir la place d'un nom indeterminé? 362.

Les pronoms *en*, *y*, ne s'emploient-ils pas quelquefois d'une manière absolue? 363.

V., sur la syntaxe des pronoms, le 2ᵉ trimestre de la deuxième année et les Exercices, 2ᵉ série.

Le maître introduira ici : 1º des exercices et dictées d'application; 2º des exercices de rédaction.

TROISIÈME TRIMESTRE.

Quelle est la règle générale d'accord du verbe? 224.

Qu'arrive-t-il si les sujets sont de différentes personnes? 225.

Qu'arrive-t-il si les mots qui forment le sujet sont synonymes? 226.

Quelle est la règle d'accord si deux ou plusieurs sujets sont unis par la conjonction *ou*? 227.

Quelle est la règle d'accord si les sujets unis par *ou* sont de différentes personnes? 228.

Quelle est la règle générale si les sujets sont unis par la conjonction *ni*? 229.

Quelle est la règle générale d'accord si le verbe a pour sujet un collectif soit général soit partitif? 230. V. la remarque qui suit ce nᵒ.

Dans quel cas le verbe s'accorde-t-il avec le complément du collectif? 231.

Quelle est la règle générale d'accord du verbe avec *qui* pronom relatif? 232.

Qu'appelle-t-on antécédent? 233. V. la remarque qui suit ce nᵒ.

Quelle est la règle d'accord du verbe être précédé du pronom *ce*? 234.

Peut-on donner à un seul verbe deux compléments indirects qui expriment le même rapport? 235.

Qu'arrive-t-il quand plusieurs verbes ont un complément commun ou des compléments de nature différente ? 236.

Qu'arrive-t il si le verbe a deux ou plusieurs compléments d'inégale étendue ? 237.

Comment s'écrit en général le complément indirect après les participes passés ? 238.

Dans la composition de quels verbes entrent les auxiliaires avoir et être ? 239. V. les 5 remarques qui suivent ce n°. N° 376. V. la remarque qui suit ce n°.

Quel temps sert à former le verbe avoir ? 375.

Quelle est la règle à suivre pour savoir si le verbe d'une proposition subordonnée doit être à l'indicatif ou au subjonctif ? 380. V. les 4 remarques qui suivent ce n°.

Emploie-t-on quelquefois l'indicatif présent pour le passé et l'imparfait de l'indicatif pour le conditionnel ? 382.

Emploie-t-on indistinctement le passé défini et le passé indéfini ? 383.

Le subjonctif est-il toujours accompagné d'une conjonction ? 384.

Qu'est-ce que l'infinitif de narration ? 385. V. la remarque qui suit ce no.

Pourquoi le participe est-il ainsi appelé ? 241.

V. les 3 remarques qui suivent le n° 245.

V. les 2 remarques qui suivent le n° 247.

Quels sont les verbes dont le participe, selon les cas, est variable ou invariable ? 249.

Quelle règle suit le participe passé des verbes régner, dormir ? 250.

Quelle est la règle d'accord du participe passé dans les verbes pronominaux essentiels ? 252. V. les 2 remarques qui suivent ce n°.

Quelle est la règle d'accord du participe passé des verbes impersonnels ? 253.

Quelle est la règle d'accord du participe passé qui a pour complément direct l' mis pour *cela* ? 254.

Quelle est la règle d'accord du participe passé précédé du pronom en ? 255.

Quelle est la règle d'accord du participe passé précédé d'un adverbe de quantité ? 256.

Quelle est la règle d'accord du participe passé précédé de un, une, une de, une des ? 257.

Quelle est la règle d'accord du participe passé précédé de le peu ? 258.

Quelle est la règle d'accord des participes coûté, valu ? 259.

Pour le participe passé suivi d'un infinitif, V. 3ᵉ trimestre de la 2ᵉ année et le chapitre VII, 2ᵉ partie.

Quelle est la règle d'accord du participe *fait* suivi d'un infinitif ? 263.

Quelle est la règle d'accord des participes dû, pu, voulu ? 264.

Quelle est la règle d'accord du participe suivi d'un infinitif lequel est précédé d'une préposition ? 265.

Quelle règle suit le participe présent employé comme adjectif ? 386. V. les 6 remarques qui suivent ce nᵒ.

Le maître introduira ici : 1o des exercices et dictées d'application ; 2o des exercices de rédaction.

QUATRIÈME TRIMESTRE.

V. les remarques qui suivent le Nᵒ 272.

L'adverbe a-t-il un sens complet par lui-même ? 273.

N'y a-t-il pas des adjectifs qui s'emploient comme adverbes ? 274.

Quelle différence y a-t-il entre *plutôt* et *plus tôt* ? 277.

Quel est l'emploi de *aussi, autant* ? 278.

Quel est l'emploi de *si, tant* ? 279. V. la remarque qui suit ce nᵒ.

Quelle différence y a-t-il entre *si tôt* et *aussitôt* ? 280.

Quelle différence y a-t-il entre *tout de suite* et *de suite* ? 281.

Quelle différence y a-t-il entre *tout d'un coup* et *tout à coup* ? 282.

Quelle différence y a-t-il entre *au moins* et *du moins?* 283.

Quelle différence y a-t-il entre *pas* et *point?* 284. **V.** les 2 remarques qui suivent ce nº.

Quel est l'emploi de *ne* après les verbes empêcher, etc? 285.

A quoi équivaut presque toujours l'adverbe? 387.

Quelle est en français la terminaison adverbiale proprement dite? 388.

Pourquoi la préposition est-elle ainsi appelée? 287.

Quelle différence y a-t-il entre *en* pronom et *en* préposition? 291.

Quelle différence y a-t-il entre *au travers* et *à travers?* 292.

Quelle différence y a-t-il entre *auprès de* et *près de?* 293.

Quelle différence y a-t-il entre *parmi* et *entre?* 294.

Quelle différence y a-t-il entre *près de* et *prêt à?* 295.

Quelle différence y a-t-il entre *voici* et *voilà?* 296.

Quelle différence y a-t-il entre *vis-à-vis, envers,* et *à l'égard de?* 297. V. les 5 remarques qui suivent ce nº. V. chapitre IX, 2ᵉ partie.

Quelle différence y a-t-il entre où adverbe et ou conjonction? 301. V. la remarque qui suit ce nº.

Quelle est la fonction de la conjonction *et?* 302.

Quel est le rôle de la conjonction *ni?* 303. V. la remarque qui suit ce nº.

Quel est l'emploi de *plus, moins,* précédant deux membres de phrases? 304.

Quel est le rôle de la conjonction *mais?* 305.

Quel est le rôle de la conjonction *que?* 306. V. les remarques qui suivent ce nº.

Qu'appelle-t-on conjonctions de coordination? 389.

Qu'appelle-t-on conjonctions de subordination? 390.

Qu'appelle-t-on conjonctions alternatives? 391.

Avec quel temps se construit *quoique?* 392. V. les 3 remarques qui suivent ce nº.

L'interjection fait-elle partie de la proposition? 308.

A quoi équivaut l'interjection ? 309.
Citez les principales interjections ? 310.
D'où vient le mot interjection ? 393.

Le maître introduira ici : 1° des exercices et dictées d'application sur les dix parties du discours ; 2° des exercices de rédaction.

N. B. La partie du questionnaire qui suit convient *surtout* aux élèves de la *division supérieure* et à ceux qui se préparent aux *examens du brevet* ou aux *écoles normales primaires*.

Qu'entendez vous par le mot discours ? 329.
Qu'est-ce que le discours ou style direct ? 330.
Qu'est-ce que le discours ou style indirect ? 331. V. les 3 remarques qui suivent ce n°.
Quelle est la véritable fonction de l'article ? 332.
Est-il des cas où l'emploi d'un seul article donne à la phrase plus de rapidité ? 333.
Peut-on quelquefois supprimer l'article ? 334.
Quand fait-on usage de l'article ? 335.
Quel est l'emploi de l'article du, de la, des devant un nom pris dans un sens partitif ? 336.
Qu'arrive-t-il si le nom est déjà déterminé par l'adjectif ? 337.
Quel est l'emploi de l'article dans les phrases négatives ? 338.
Dans quel cas répète-t-on l'article ? 339.
Comment s'exprime en français le complément du nom ? 341.
Le complément peut-il être un infinitif pris substantivement ? 342. V. les 2 remarques qui suivent ce n°.
Qu'est-ce qu'un nom abstrait ? 344.
Qu'est-ce que l'apposition ? 345. V. les 3 remarques qui suivent ce n°.
Quel est le genre de quelque chose ? 346.
Quelle différence fondamentale y a-t-il entre l'adjectif et le nom substantif ? 347.
Un adjectif peut-il devenir substantif ? 348.
L'adjectif s'accorde-t-il toujours en genre et en nombre

avec le sujet de la proposition ? Quelles sont les exceptions ? 349.

L'adjectif peut-il avoir un infinitif pour complément ? 351. V. la remarque qui suit ce nº.

Comment s'exprime en français le comparatif d'égalité avec les adjectifs ? 353.

Comment s'exprime le rapport de supériorité ? 353.

Comment s'exprime le rapport d'infériorité ? 354. V. les 3 remarques qui suivent ce nº.

Qu'est-ce que l'inversion ? 394.

Comment appelle-t-on la réunion de plusieurs membres de phrases ? 395.

Combien la période comprend-elle de membres ? 396.

Citez une période à deux membres ? 397.

Citez une période à trois membres ? 398.

Citez une période à quatre membres ? 399.

Qu'est-ce que le vers ? 402.

Qu'appelle-t-on vers libres ? 403.

Mesurez un vers de douze syllabes ? 404.

Mesurez un vers de dix syllabes ? 405.

Qu'est-ce que la prose ? 406.

Qu'est-ce qu'une figure de grammaire ? 407.

Quelles sont les principales figures de grammaire ? 408.

Quest-ce que la syllepse ? 409. V. les 4 remarques qui suivent ce nº.

Qu'est-ce que l'ellypse ? 410.

Qu'est-ce que le pléonasme ? 411.

Qu'appelle-t-on gallicisme ? 412.

Citez quelques gallicismes ? 413.

FIN.

Paris. — Imp. Viéville et Capiomont, rue des Poitevins, 6.